I0148781

MARY BELL

LA NIÑA ASESINA

AMERICAN
BOOK GROUP

INNOVANT PUBLISHING
SC Trade Center: Av. de Les Corts Catalanes 5-7
08174, Sant Cugat del Vallès, Barcelona, España
© 2026, Innovant Publishing SLU
© 2026, TRIALTEA USA, L.C. d.b.a. AMERICAN BOOK GROUP

Director general: Xavier Ferreres
Director editorial: Pablo Montañez
Director de producción: Xavier Clos

Colaboran en la realización de esta obra colectiva:
Directora de márqueting: Núria Franquesa
Project Manager: Anne de Premonville
Office Assistant: Marina Bernshteyn
Director de arte: Oriol Figueras
Diseño y maquetación: Roger Prior
Edición gráfica: Emma Lladó
Coordinación y edición: Adriana Narváez
Seguimiento de autor: Eduardo Blanco
Redacción: Adriana Patricia Cabrera
Corrección: Olga Gallego García
Créditos fotográficos: ©Colin Jones, Filmdaily.co, Gazettelive.co,
©Daily Mirror, Shutterstock, ©Album/Rue des Archives.

ISBN: 9781681659046
Library of Congress: 2021946880

Impreso en Estados Unidos de América
Printed in the United States

Índice

Capítulo 1

MININO

Nada es lo que era. A mediados de los años sesenta, Scotswood, el famoso barrio industrial, agoniza. La decadencia de la posguerra, el abandono del gobierno de turno y las familias que se arremolinan adonde pueden constituyen los ingredientes del sector, por mucho, más sombrío de la ciudad.

A mitad de camino, jugando a las escondidas entre los escombros de las viejas construcciones de Whitehouse Rd. y el río, cuatro niñas alargan deliberadamente el regreso a sus casas. El sol del otoño entibia el aire y las ilumina regalándoles un halo dorado. Se divierten. Repiten a coro la publicidad de los nuevos cereales con sabor a banana, que solo algunas familias han podido comprar. Estrepitosamente se superponen cantando «Wa... Wa... Wackie» y saltan desde un pedazo de mampostería desvencijada, emulando los gestos del monito de dibujos animados que protagoniza el aviso en la televisión.

Los vestidos sueltos de lanilla y sus júmpers tableados a media pierna se mimetizan con el entorno: nada es nuevo. Pero ellas cantan, ajenas a todo.

Cuando apenas hacen un silencio para volver a tomar aire, escuchan un lloroso maullido lejano. Se miran cómplices. Sin mediar palabra, se adentran en una construcción abandonada. Los maullidos se sienten más próximos y claros: detrás de los hierros retorcidos de viejas aberturas, sobre una bolsa de arpillera que oficia de nido, una gata gris a rayas alimenta a su nueva camada.

Las niñas dan grititos de emoción, se miran, sonríen y se turnan para tocar a la mamá gata, que recela de su presencia. Pronto comienzan a hacer planes para los bebés: cuando puedan abrir bien los ojos y caminar solitos, ellas se encargarán de encontrarles un hogar. Los cachorros apenas sueltan la teta de la gata, olisquean el aire, parece que mueven afirmativamente la cabeza... pero es solo un reflejo para seguir mamando, estrecharse contra el cuerpo de su mamá y seguir durmiendo.

Le dejan a la gata unas galletas apelmazadas que una de las niñas lleva en el bolsillo y siguen su camino. «Wa... Wa... Wackie», se escucha otra vez. Vuelven los saltos, juegan a las encondidas y sueltan un «adiós» a medida que cada una llega a su casa.

La última niña, de ojos azules y cabello oscuro de corte carré, empuja con fuerza la puerta de su vivienda. Está abierta, hace mucho que la cerradura dejó de funcionar y se traspasa el dintel simplemente accionando el pomo.

En la radio suena uno de los temas más populares del momento: es Petula Clark, cuyo más reciente éxito «Downtown» se oye en una de las tantas radios piratas que todo el mundo escucha desde 1960, dándole la espalda a las famosas emisiones de la BBC.

La niña se ilusiona pensando que hay alguien en casa, pero con una mirada desde el pasillo que da a la cocina confirma lo que en realidad presiente: está sola. Toma entonces unas galletas de la mesada, que estaban ahí esperando humedecerse quién sabe desde cuándo, apura un vaso de agua y sale. En el bolsillo del júmper coloca unas tijeras que, evidentemente, alguien ha utilizado y dejado arriba de una silla.

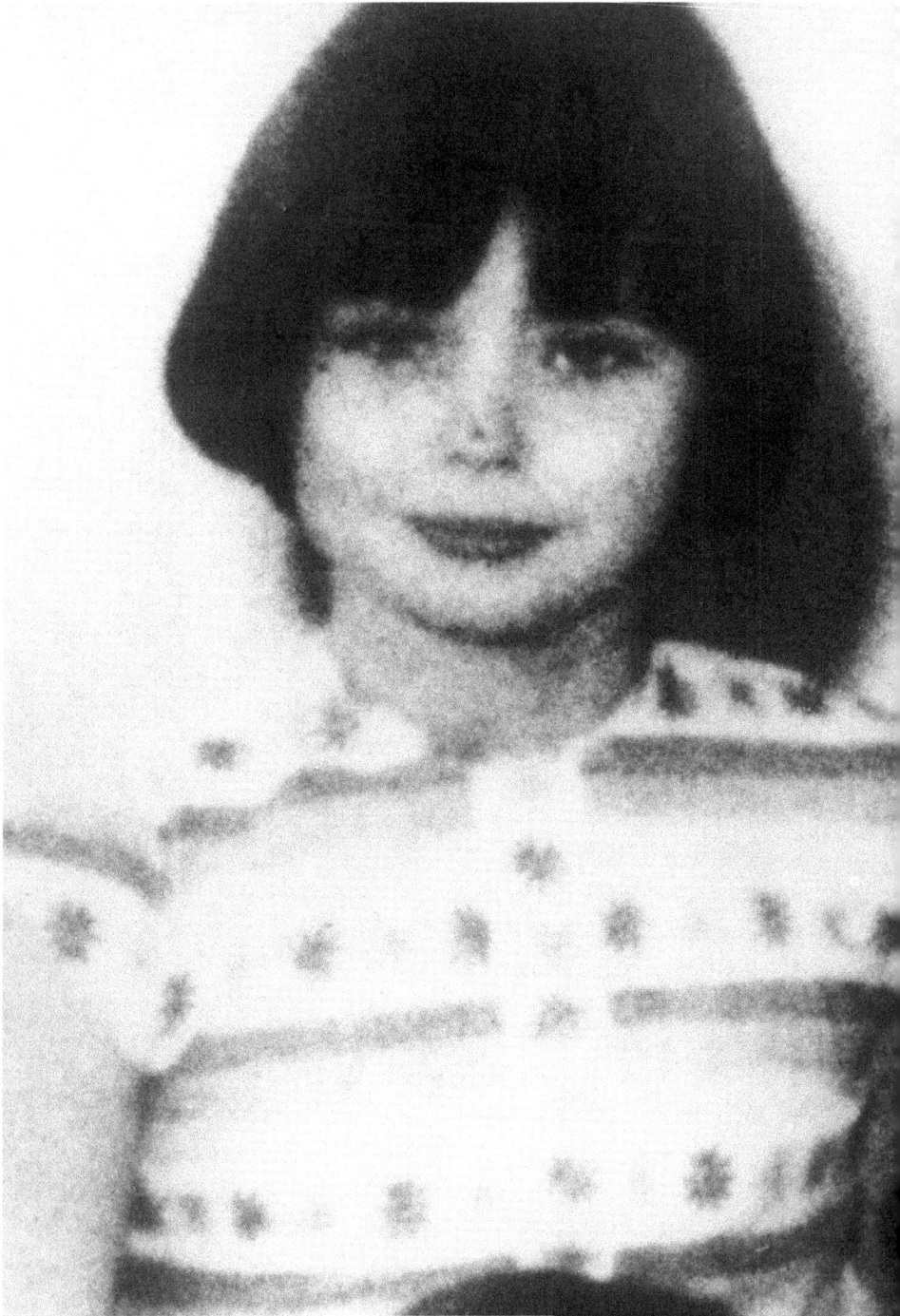

La niña Mary Bell fue víctima de los maltratos de su madre y de los abusos sexuales a los que la exponía. También fue victimaria: mató a dos niños del mismo barrio en el que vivía.

Ya en la calle, vuelve junto a la mamá gata y sus cachorros. Les mira un instante y toma uno al azar. No está asombrada ni da gritos de emoción. Permanece de pie junto a la gata por algunos segundos, hasta que encuentra un recorte de tela donde envolver al cachorro.

Con su nueva adquisición en las manos, el corazón le da señales inequívocas: late haciéndose presente en todo el cuerpo. Camina unos metros y se introduce por la ventana en otra casa a medio demoler, cuya puerta está completamente obstruida.

Desenvuelve el trapo mugriento y se encuentra con el minino que el azar quiso que eligiera, levantando apenas un poco la cabeza y tratando de avanzar sobre la superficie rugosa.

La niña se sienta, saca las tijeras del bolsillo y poda tranquilamente los incipientes bigotes del animal. Pero no obtiene ninguna muestra de dolor. Con sumo cuidado toma una orejita y estirándola de manera tal de poder hacer lugar para su arma, la rebana al ras. Obtiene la señal que esperaba, el cachorro grita con todas sus fuerzas. Repite la operación con la otra oreja: los maullidos, aunque inaudibles desde la calle, satisfacen sus deseos. Será entonces el turno de las patas... pero apenas logra pellizcar con las tijeras las almohadillas. Y sí, la sangre empapa el pequeño trapo y chorrea entre los escombros.

Por mucha fuerza que hace, el arma elegida no sirve para cortar las patas del gatito, quizá las está quebrando en cada uno de sus intentos, por lo desgarrador del maullido, pero no logra cercenarlas. Intenta una y otra vez, incluso cuando el animalito exangüe deja prácticamente de maullar y apenas se oye una suerte de ronquido.

Enojada por lo breve de su momento de placer, la niña apuñala repetidas veces el cuerpo muerto del minino y luego, tomándolo por la cola, le revolea con fuerza y le estrella contra unos vidrios que tiemblan pasajeramente debido a la fuerza del impacto. No se asoma a ver dónde cae el pequeño y peludo cuerpo. Se limita a recoger las tijeras, a limpiarlas en unos pastos que crecen en el interior de lo que fuera una vivienda y se va. Su expresión es inocente y una sonrisa apenas perceptible ilumina su rostro.

Capítulo 2

ABRIR LA PUERTA
PARA IR A JUGAR

«El Reino Unido sufrió una de las peores crisis económicas de su historia a finales de los años sesenta. La situación era tan grave y cercana al colapso del sistema que en 1968 el gobierno, presidido entonces por el laborista Harold Wilson, elaboró una estrategia, conocida como *maθ plan* ("plan loco") que incluía medidas como la congelación de ciertas cuentas bancarias, la prohibición general de viajar al extranjero y el veto a las transferencias de pensiones de jubilación a otros países.»

ÁNXEL GROVE, 20minutos.es, 4 de octubre de 2014.

C ontradictoria, rebelde y revolucionaria, la década del sesenta podría considerarse uno de los períodos más intensos del siglo pasado, para lo bueno y para lo malo. Fue un tiempo en que las minorías segregadas recuperaron su voz y un momento de esperanza política llena de música y arte, pero, también, una época en que el mundo estuvo en varias ocasiones al borde una tercera guerra mundial.

El rock inglés lideraba la movida musical: bandas surgidas en 1962 como The Who, The Rolling Stones o los mismísimos The Beatles revelaban al mundo un país liberal y relativamente próspero. La Copa Mundial de Fútbol disputada en Inglaterra en 1966 los tuvo como campeones indiscutidos, al tiempo que su industria, al menos para cierta parte del mercado internacional, parecía en alza. La British Motor Corporation reedita una y otra vez el auto que será ícono de la década, el Mini, de inconfundible silueta; mientras que en el sector de «los de alta gama», Aston Martin presentaba su DB5, un modelo GT (Gran Turismo) que alcanzaba los 233 kilómetros por hora con su motor de seis cilindros.

Sin embargo, para 1964, cuando Harold Wilson fue elegido primer ministro, el país debió enfrentarse a una sociedad llena de contrastes. Sufriendo aún los efectos de la posguerra, el Reino Unido se debatía entre realidades muy distintas. Mientras Londres encarnaba el último grito de la moda con el Swinging London y James Bond se convertía en la figura masculina del espía inteligente, sexy y codiciado de una Inglaterra glamorosa, más de tres millones de ciudadanos vivían en la indigencia más absoluta y más de un millón estaba desocupado.

La revolución cultural, la liberación femenina y la igualdad de derechos que ganaban terreno a pasos agigantados nada podían hacer para rescatar a esa otra Gran Bretaña, donde la pobreza empujaba a las mujeres a la prostitución y a los hombres a la violencia.

Newcastle upon Tyne, ciudad universitaria a orillas del río Tyne, ubicada en el nordeste de Inglaterra no era la excepción. Si por un lado había una puja cultural que provocaba la reciente creación de la Universidad de Newcastle, heredera del prestigioso Colegio de Medicina establecido en 1834, por otro se veía el abandono paulatino de los centros de construcción naval que habían brillado durante la Revolución Industrial hasta el período de entreguerras.

Scotswood, «el Callejón de las Ratas»

A casi 14 kilómetros de las gélidas costas del Mar del Norte, la ciudad de Newcastle upon Tyne atravesaba hacia fines de los años sesenta una de sus épocas más oscuras. Los múltiples astilleros, la industria metalúrgica pesada y el intenso comercio del carbón habían cesado prácticamente su actividad y dejado en la calle a numerosas familias.

Los niños jugaban en las peligrosas calles del barrio más marginal de Newcastle upon Tyne, Scotswood, conocido como «el Callejón de las Ratas». Atrás se ven las industrias que en otras épocas habían hecho florecer a la ciudad.

Incendios, robos, violaciones y asesinatos se habían multiplicado considerablemente al límite de convertir a la otrora prolífica ciudad en un antro peligroso y paupérrimo. Apenas podía dar un aliento de esperanza el Newcastle United, el equipo de fútbol del lugar que, además de varios campeonatos menores y locales, acababa de obtener la Copa de Ferias en 1968 al golear a su contrincante húngaro, Újpest Dózsa.

Pero en ningún barrio de la ciudad la marginalidad era tan evidente como en Scotswood, un sector alejado a cinco km del centro, casi a orillas del río, conocido genéricamente como «el Callejón de las Ratas». Allí la gente habitaba viviendas gubernamentales deterioradas, con prácticamente ningún mueble y solo algún que otro televisor. Y eran normales las llamadas a la policía reportando abusos intrafamiliares, así como robos y peleas producto de la ebriedad de los vecinos.

Completaba el barrio un sector totalmente abandonado, donde habían funcionado otrora algunos astilleros ahora literalmente en ruinas. A pesar de las muchas promesas del gobierno de demoler los edificios y limpiar la zona, nada se había hecho. Una larga franja de viviendas a medio destruir y paralela al río se apilaban junto a la basura y autos viejos.

Y era en la Tin Lizzie, ese extenso y desierto territorio donde los niños, a pesar de las restricciones impuestas por sus padres, pasaban el día jugando entre escombros, hierros retorcidos, muebles abandonados y vidrios rotos. Jugaban a las escondidas, se juntaban a fumar y a beber algo, o simplemente hacían excursiones de aventura tras algún objeto que se pudiera utilizar en sus casas. Claro que había algún accidente por tirar piedras a las pocas ventanas, o niños lastimados por alguna mampostería que les había caído encima, pero los riesgos no iban más allá.

Fue en este contexto cuando comenzaron a suceder algunos episodios que fueron tornando en más oscuros y peligrosos aún, al propio callejón y al barrio de Scotswood.

Misterio en ciernes

A pesar de todas las dificultades expuestas, los miembros de la comunidad se conocían y no dejaban de echar un ojo a los más pequeños. Entre los comercios, había una pequeña tienda de dulces llamada Dixon's y una guardería, Woodland's Crescent, con un arenero donde les encantaba ir a jugar a los niños más pequeños.

John Best era uno de los chiquillos más inquietos y conocidos. Tenía apenas 3 años cuando el 11 de mayo de 1968 sufrió un accidente. Otros chicos que jugaban en Tin Lizzie le encontraron deambulando con la mirada perdida y llorando. De su cabello rubio se escurría un hilo de sangre y estaba muy aturdido.

Rápidamente uno de los niños más grandes, advertido de que algo grave había sucedido, tomó al pequeño en brazos y le llevó al primer lugar que encontró con adultos, un *pub* en el corazón del famoso Callejón de las Ratas. Allí atendieron torpemente al niño, pero solicitaron una ambulancia y dieron parte a la policía.

Un poco atropelladamente quienes rescataron al pequeño John dijeron que le hallaron deambulando detrás de unos cobertizos abandonados, a pasos del Delaval Arms Public House, una taberna en demolición.

Con apenas 3 años, John contó que había sido empujado desde un sector alto de uno de los edificios, pero no supo —o no quiso— decir nada más. En aquel entonces, hacer declaraciones a la policía era señalado como algo malo y hasta los más pequeños preferían mantener silencio antes que recibir sanciones más graves. Luego de un breve paso por el hospital, John volvió a su casa y el episodio pasó por un accidente sin más responsables que el mismo protagonista de los hechos y, eventualmente, sus padres, quienes no supieron precisar en qué momento el niño se había ido del hogar.

Peligro en el arenero

Al día siguiente, 12 de mayo, otro episodio trastornó la tarde de Scotswood. Pauline Watson, de 7 años, junto a dos amigas habían conseguido permiso para ir a jugar al arenero de la guardería. En Woodland's Crescent, no había muchos niños por ser domingo y las tres jugaban si preocupaciones cuando fueron atacadas por otras dos chicas del barrio. Con apenas unos años más, dos chiquillas identificadas con el apellido Bell —aunque no existía un vínculo familiar entre ellas— se acercaron con la excusa de jugar, pero en seguida decidieron echar a las tres amigas del arenero. Cuando estas se negaron, una de las recién llegadas tomó por el cuello a Pauline al mismo tiempo que intentaba introducirle arena en la boca. La pequeña trató de defenderse, pero no lo logró. Ante los gritos ahogados de Pauline, sus amigas decidieron intervenir y tras un largo forcejeo con empujones y tirones de pelo, lograron liberarla.

Las chicas corrieron a casa y le contaron a la señora Watson lo sucedido. A pesar del susto y los rasguños que tenían las tres, pudieron identificar a la agresora, una niña llamada Mary que ellas conocían de vista, por cruzarle en el barrio y en la escuela. También conocían el nombre de su acompañante, que se había mantenido al margen de la pelea: Norma.

Presa de indignación y dispuesta a que ese tipo de episodio no se convirtiera en una triste rutina, la señora Watson llamó a la policía. De nada sirvieron los ruegos de las tres niñas que preferían mantener el secreto a sufrir represalias en manos de las chicas Bell.

La intervención de la autoridad devino en un interrogatorio a las niñas Mary Bell, de 10 años y su vecina, Norma Bell, de 13. Ambas reconocieron haber estado esa misma tarde en el arenero de la guardería, pero se inculparon mutuamente del ataque a Pauline y lo minimizaron, pretendiendo que simplemente estaban jugando.

Tristemente acostumbrados a todo tipo de denuncias que referían violencia, los policías tomaron nota y regañaron a las chiquillas. Según consta en el expediente policial, el 15 de mayo de

1968 Norma y Mary fueron amonestadas por su conducta, pero no fueron notificados sus padres ni se hizo nada más al respecto. De alguna manera, todo podía esperarse del Callejón de las Ratas. A la violencia doméstica y las denuncias por ebriedad, se sumaba ahora una pelea de niñas en el arenero.

Algo oscuro se estaba gestando en el corazón de aquella comunidad.

Capítulo 3

PASTILLAS FATALES

«Durante mi infancia y adolescencia…
"todo lo que sabía era que tenía un
hermano, que ya no estaba aquí y que
murió en horribles circunstancias".»

SHARON RICHARDSON,
hermana menor de Martin Brown.

E l sábado 25 de mayo de 1968 se convertiría en una fecha clave para la comunidad del empobrecido barrio de Scotswood. Un niño de apenas 4 años fue hallado muerto en una casa abandonada, a apenas metros de su propio hogar. La peligrosidad de los escombros de las muchas viviendas vacías, la impotencia de la familia y los vecinos, más el dolor por la pérdida señalaría un antes y un después para todos: ¿hasta cuándo iban a tolerar seguir viviendo en el Callejón de las Ratas?

Reconstrucción del último día

Martin era un niño de 4 años, el mayor del matrimonio Brown formado por June y Georgie. Hacía un tiempo que la familia vivía en una casa de dos plantas sobre la calle St. Margaret's Road al 140. A pocos metros de allí, en el 112, habitaba la hermana de June, Rita, junto a sus cinco hijos.

El sábado 25 de mayo de 1968 fue un día templado de primavera. Inquieto y siempre con sed de aventuras, Martin fue el primero en despertarse en la casa. Mientras sus padres se quedaban un rato más en la cama, el chiquillo comenzó su rutina de fin de semana. En primer lugar y aunque hoy resulte difícil de creerlo por su corta edad, el pequeño le llevó a su hermana leche y galletas. Nada cuesta imaginar que la pequeña Linda, con quien compartía la habitación, tomaba aún el biberón y que su solícito hermano mayor, jugaba arropándola y alimentándola.

Terminado el desayuno de la bebé, Martin llevó a Linda a la habitación de sus padres, donde presumiblemente se quedaría un rato más remoloneando en la cama matrimonial. Él, por su parte, se encaminó hacia la cocina a tomar, ahora sí, su propio desayuno. Lejos de la mirada materna, Martin se sirvió un enorme bol de Sugar Pops, su cereal preferido, y una cascada de maíz crujiente y endulzado, bañado de leche fresca. En eso se entretuvo un largo rato, hasta que decidió salir a jugar.

Y así, simplemente, se sacó el pijama, se colocó las prendas que había dejado tiradas en el suelo el día anterior y agregó una parka a su atuendo. Aún en primavera, las mañanas en esa latitud son relativamente frescas. Martin Brown, sorpresivamente independiente para su corta edad, avisó que se iba y salió a la calle.

Tiempo después, recreando los acontecimientos de esa última jornada, la señora Brown recordaría entre lágrimas que Martin dijo «Me voy, ma» y luego escuchó el portazo.

Sus pasos rumbo a Tin Lizzie

Una vez en la acera de St. Margaret's Road, el chiquillo fue a buscar a sus amigos. Como era relativamente temprano, se le vio caminando solo por el barrio. Dos electricistas que se encontraban reparando un desperfecto en la calle se conmovieron cuando sintieron que unos intensos ojos azules vigilaban con ceño fruncido su trabajo. Al prestar atención, Gordon Collinson y John Hall vieron a Martin, tan compenetrado en la actividad de los hombres que decidieron contarle qué estaban haciendo y

Martin Brown, de cuatro años, fue hallado en una casa abandonada del empobrecido barrio de Scotswood. Murió estrangulado el 25 de mayo de 1968.

compartieron con él unas galletas. Luego de un breve intercambio de palabras le vieron irse, seguro de sus pasos.

Si bien la reconstrucción cronológica puede no ser exacta, se supo que un rato antes del mediodía Martin tocó a la puerta en casa de su tía Rita. Ella le hizo pasar y viendo que estaba solo y en la calle desde hacía rato, le ofreció una tostada de pan con huevo que su sobrino devoró, para luego seguir presuroso su camino.

Puede que haya encontrado algunos chicos con quienes jugar o no. Lo cierto es que, en algún momento de la tarde y evidentemente jaqueado por el hambre, pasó nuevamente por lo de su tía Rita y pidió un pedazo de pan. También se supo que alrededor de las tres Martin volvió a su casa y le pidió algo de dinero a su padre Georgie, ya que quería ir hasta Dixon`s a comprar unos dulces.

Pero no hay más datos sobre si tomó el almuerzo en algún lado, si sus padres estaban buscándole o si sabían a ciencia cierta dónde se encontraba. El resto de la tarde se desencadenó rápida y trágicamente.

Final amargo

Según los datos recabados en la reconstrucción del hecho, alrededor de las tres y media del sábado 25 de mayo de 1968, tres adolescentes encontraron el cuerpo del pequeño. Los jóvenes habían entrado en una casa abandonada para buscar madera y se dieron a la tarea de recorrerla completamente. Era en el 85 de St. Margaret's Road, a escasos metros de la propia vivienda del pequeño y del domicilio de su tía. Allí, en la planta alta, fue donde hallaron el cadáver de Martin.

El pequeño estaba acostado boca arriba, con los brazos extendidos en cruz. De su boca salía un hilo de sangre y saliva.

Enseguida los adolescentes salieron gritando a la calle pidiendo auxilio. Gordon Collinson y John Hall seguían en su tarea, pero la abandonaron ante el apremio de los muchachos. Collinson, al enterarse de los hechos corrió a llamar a una ambulancia, mientras su compañero Hall intentó reanimar al pequeño.

Como era de esperar, el revuelo en el barrio fue en ascenso: la noticia de un niño pequeño muerto en una casa abandonada llegó rápidamente a oídos de la familia Brown y sus padres y su tía aparecieron en la planta alta donde el electricista intentaba todavía revivir al pequeño. Algunas fuentes señalan que una niña de 10 años, llamada Mary Bell, que conocía tanto al chico muerto como a su familia, tocó a la puerta de la casa de la tía Rita y le dijo: «Hay sangre por todos lados», en alusión al accidente que había sufrido su sobrino, mientras se ofrecía a acompañarla.

La ambulancia no se hizo esperar, pero Martin fue declarado muerto al llegar al Hospital General de Newcastle apenas unos minutos después. Dada las circunstancias sospechosas que rodearon la muerte, se dio inmediata intervención a la policía y se realizaron estudios sobre el cuerpo del niño. En primera instancia se le extrajo sangre para investigar la presencia de drogas, alcohol o eventualmente, de algún veneno que pudiera haber llegado a manos del niño. Y aunque los informes no hablan de una autopsia propiamente dicha, la revisión general de Martin por el cuerpo médico forense reveló que no existieron signos de violencia de ningún tipo: no hubo golpes, ni cortaduras, ni signos de estrangulamiento.

Revisando la planta alta de la casa donde fue hallado, la policía descubrió en un rincón una tableta de analgésicos totalmente vacía, lo que hizo presumir —aunque la hipótesis fue rápidamente descartada— que el motivo de la muerte podría haber sido sobredosis.

El misterio era absoluto. Martin, supuestamente, se dirigía a Dixon`s por sus dulces y, aunque se trataba de un chiquillo inquieto, nada hacía suponer que hubiese entrado solo a una casa abandonada y mucho menos que fuera a acceder al primer piso; quienes le conocían aseguraron que no se animaría.

La policía tomó nota de la disposición de las cosas en el lugar donde fue hallado el cuerpo, pero atenta al informe médico y al no encontrar ningún signo de violencia, consignó en el expediente «causa de muerte abierta», aunque no tenían indicios para continuar la investigación, porque las pistas eran inexistentes.

Rápidamente, la comunidad entera del Callejón de las Ratas hizo oír su voz: acompañados por los medios de prensa y el empuje de la conmoción general que produjo la muerte del pequeño Brown, se multiplicaron las protestas y los reclamos. ¿Cuándo se encargaría el gobierno de todas esas casas, fábricas y astilleros abandonados? ¿Cuándo cumplirían su promesa de terminar con la demolición y reacondicionarían esas paupérrimas casas para darle a Scotswood el paisaje que se merecía?

Durante varios días los líderes de la comunidad continuaron reclamando vivamente y también los más chicos, conmovidos por la extraña muerte de Martin, a quien todos conocían. Padres, tíos, amigos, inclusive las amigas Bell levantaron pancartas exigiendo justicia para Martin y mejores condiciones de vida para todos.

Capítulo 4

CHICAS RARAS

> **«En Norma tienes una simple niña atrasada de inteligencia subnormal. En Mary tienes una niña de lo más anormal, agresiva, viciosa, cruel, incapaz de remordimientos.»**
>
> RUDOLPH LYONS, fiscal de la causa judicial.

La relación de dos niñas subyace en esta historia. De alguna forma, la suerte de amistad que las unió desde un principio se fue revelando como un vínculo sórdido, en el que no compartían juegos ni canciones, o al menos no solo eso. Sin planteárselo, tal vez las unían otros secretos tristes y violentos. No era gratuito entonces el mote de «chicas raras» con el que el vecindario las había bautizado.

Mary Bell vivía en una de las calles más miserables de Scotswood, Whitehouse Road. En 1967, en la casa contigua a donde vivía Mary Bell junto a su madre, su padrastro y dos hermanastros menores, llegó un día la familia Bell. Mejor dicho, otra familia Bell, con quien compartirían el apellido y con el tiempo, algunas cosas más.

De entre los muchos hijos del recién mudado matrimonio Bell, la tercera niña de los once hermanos, Norma Joyce, pronto congenió con Mary. Además de ser vecinas, acudían a la misma escuela y aunque no compartían clase, iban y venían juntas a diario. Luego Mary era invitada muchas veces a merendar a la casa de su amiga o simplemente a pasar el rato. En casa de Norma, de alguna manera, la pequeña Mary se sentía contenida y en familia. Al mismo tiempo Norma, al fortalecer su amistad con la nueva vecina, sentía que se desentendía por un rato de sus muchos hermanos a los que generalmente le tocaba cuidar. Los 11 niños Bell iban desde el mayor de 16 años, con dificultades motrices, hasta una pequeña bebé de pocos meses de edad.

Así el 70 de Whitehouse Road se convirtió para ambas en su lugar en el mundo. Las tardes pasaban abúlicas entre el colegio y las numerosas riñas que las tenían como protagonistas. Ni en la calle ni en la escuela los otros chicos se les acercaban: todos conocían muy bien a Mary Bell: le gustaba pelear, se burlaba de todos y era especialmente cruel con los más pequeños. Al llegar Norma al barrio y aliarse con ella, el dúo fue rápidamente rechazado por el resto de los niños de la comunidad.

Una visita inoportuna

Producto del aburrimiento y cansadas de ver que el barrio entero se movilizaba por la muerte del pequeño Martin Brown, las chicas decidieron dar un paseo. Y como eran muy pocos los metros que separaban la vivienda de los Bell de la de los Brown, antes de lo que imaginaban se encontraron llamando a la puerta de la casa de Martin.

La respuesta se hizo esperar, pero las chicas no se iban a ir así sin más e insistieron. Según relata Sylvia Perrini en su libro *Killer child: Mary Bell: A Tragic True Story*, June, la mamá del pequeño fallecido, abrió la puerta y se conmovió ante la presencia de las dos chicas que querían ver a Martin. Mary y Norma permanecieron calladas unos instantes, observando a la señora Brown, hasta que Mary dio medio paso al frente para decir:

—¡Hola! Nos gustaría ver a Martin.

—No, pequeña. Martin está muerto.

—Oh, ya sé que está muerto. Quería verlo en su ataúd — contestó Mary con una incipiente sonrisa en sus labios.

June Brown tardó algunos segundos en reaccionar. ¿Qué clase de broma macabra era esa? ¿Estaba esa niña en su sano juicio? Querer entrar a una casa, a ver a un niño muerto sin siquiera revelar cierta empatía por la situación familiar ni mostrarse compungida, nada... La sonrisa inmutable en su rostro evidenciaba todo lo contrario. La señora Brown no logró articular palabra, simplemente, cerró los ojos y dio un portazo. Su dolor era mucho más profundo que la insensatez de esas dos pequeñas.

May cumple años

Al día siguiente de la muerte de Martin y tras visitar a la señora Brown, Mary Flora Bell celebró su cumpleaños. «May», como le decían sus allegados, festejó en la casa de Norma, su vecina, donde habían preparado una torta para homenajearle a sabiendas de que su madre solía ausentarse por largos períodos.

Durante el festejo, no quedó claro si en medio de un juego o de una discusión, Mary se tiró encima de Susan, una de las hermanas más chicas de Norma y rodeándole el cuello con las manos, intentó estrangularla. Al advertir la situación el señor Bell regañó a la cumpleañera, pero atribuyó el ataque a la emoción del momento.

Ataque a la guardería

El 27 de mayo de 1968 otro extraño episodio sacudió a Scotswood: la guardería Woodland's Crescent, donde Martin Brown asistía fue atacada. Temprano en la mañana, las docentes encargadas del primer turno hallaron el lugar vandalizado. Los artículos de limpieza habían sido desparramados por el suelo, las mesas y las sillitas infantiles, desordenadas y los útiles, rotos y esparcidos por todo el lugar. No pudieron detectar faltantes y descartaron rápidamente el móvil de robo, pero encontraron en cambio algunas notas, que dados los últimos acontecimientos les resultaron alarmantes.

En algunas hojas que los perpetradores habían dejado bien a la vista, se podía leer: «Cuidado, hay asesinos por ahí»; «Yo asesino para poder volver»; «Joder, hemos asesinado», y también «Nosotros sí asesinamos a Martin Brown, jódete bastardo».

La policía tomó nota de cómo había quedado la guardería y se llevó las extrañas advertencias escritas en las que notó, sin embargo, que se alternaban dos caligrafías diferentes, pero de trazos claramente infantiles. Otra vez se volvía recurrente la idea que tuvo June Brown cuando dos niñas golpearon a su puerta: ¿quién en su sano juicio podía bromear con esto?

Las notas fueron adjuntadas al archivo policial y el caso quedó pendiente de investigación bajo la carátula de «broma enfermiza». En resguardo de que esta situación no volviera a darse, las autoridades de Woodland's Crescent instalaron un sistema de alarmas en el establecimiento.

El acoso a tía Rita

Luego del entierro del pequeño Martin, Norma y Mary volvieron a merodear por la casa y a molestar a la familia Brown. Como June, su madre, no ponía un pie en la acera, se dieron a la tarea de seguir a Rita, la tía del niño muerto quien además de cuidar a sus cinco hijos se encargaba de acompañar a su hermana en el difícil trance.

En una de sus idas y vueltas de un hogar a otro, o para hacer algunas compras en el barrio, Rita fue abordada por dos niñas que a bocajarro le preguntaron: «¿Extrañas a Martin?», «¿lloras por él?». La mujer no respondió al morboso interrogatorio, pero las chicas llegaron incluso a golpear una tarde la puerta de su casa con las mismas preguntas. Rita superó la idea de que

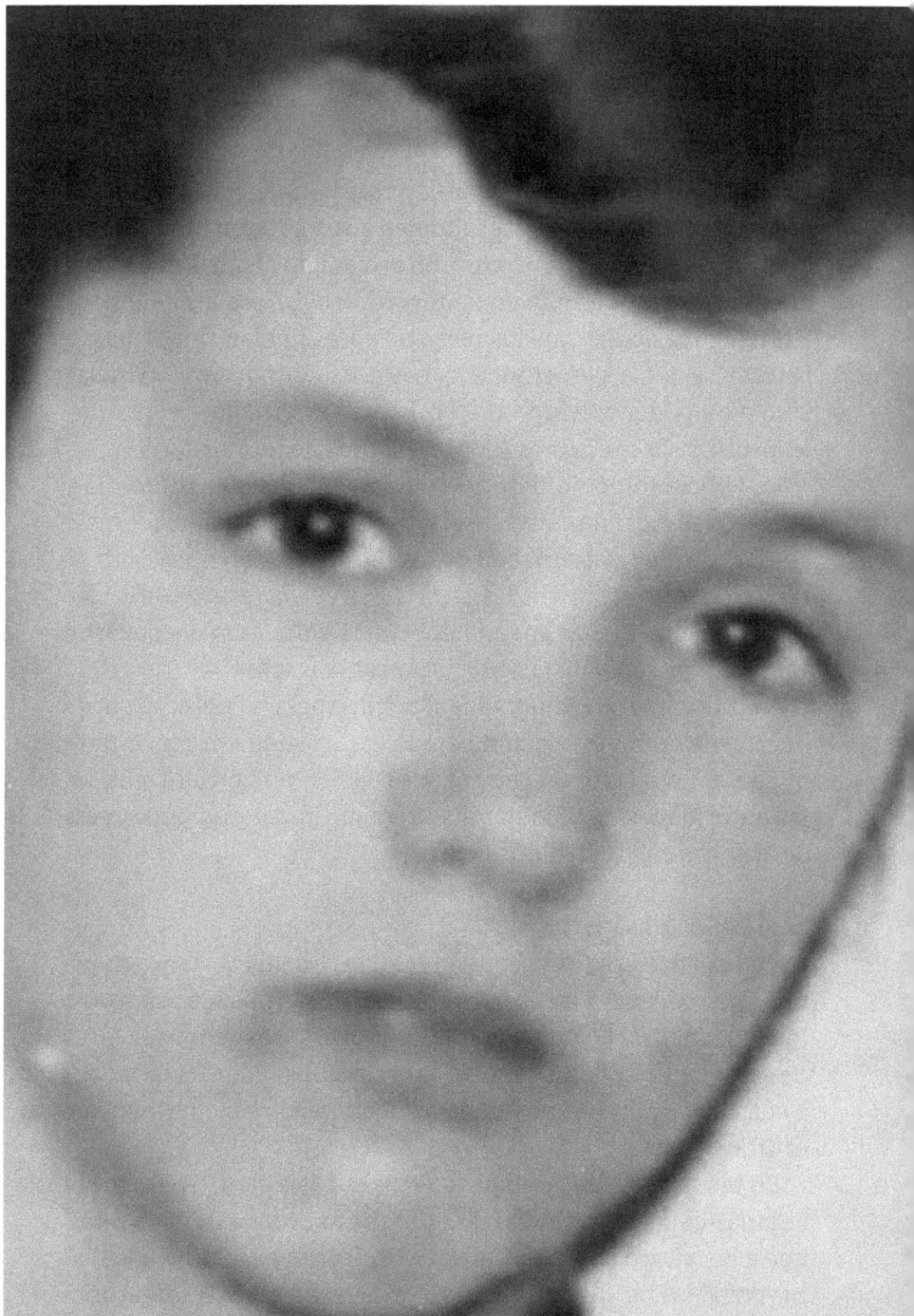

Curiosamente, Norma Bell no era la hermana de Mary, sino la amiga. Vivían en la misma calle, compartían los mismos juegos violentos y eran compañeras de escuela.

solo eran unas niñas bobas y antes de cerrar de un golpe, las amenazó con llamar a las autoridades si seguía viéndoles acechando por esa manzana.

Indicios negados

Paulatinamente, los vecinos de el Callejón a las Ratas volvían a sus dificultades cotidianas. Brian Roycroft, de Newcastle Children`s Officer (Departamento de Menores de Newcastle), recordando el caso y aquel terrible 1968, declararía en una entrevista para la BBC muchos años después, cuando su nombre ya era sinónimo de defensa y ayuda a la infancia, que «era normal y hasta aceptable el nivel de violencia y delito en el que vivían».

Por eso, justamente, el maestro Eric Foster, de la escuela Delaval Road Junior, donde iban las amigas Bell, no fue capaz de ver a tiempo las señales que en este caso la propia Mary había dejado en su cuaderno de clases. Una de las tareas del lunes 27 de mayo había sido describir con una redacción e ilustrar alguna de las actividades del fin de semana. La niña consignó en su cuaderno: «El sábado estaba en mi casa. Mi mamá me mandó a preguntarle a Norma si saldría a jugar conmigo. Dijo que sí y salimos. Fuimos por St. Margaret's Road y vimos que había muchísima gente al lado de una casa vieja. Pregunté "¿qué pasó?" Y entonces supe que había un niño que solo se acostó y murió».

Debajo de las sintéticas palabras, Mary dibujó a un niño acostado boca arriba, con los brazos en cruz, exactamente en la posición que Martin Brown había sido encontrado. En la misma escena, cerca del cadáver la alumna de Foster dibujó algo parecido a un frasco del que salía una flecha con una suerte de epígrafe: «Tabletas», decía. La descripción y el dibujo, aunque fuerte en su contenido, no lograron encender la alarma en el docente, dado que toda la comunidad se había convulsionado con la noticia del accidente del pequeño vecino, aunque Mary Bell fue la única que se refirió al suceso en su tarea.

Recién tiempo después, cuando otros hechos más oscuros se precipitaron, Eric Foster recordó que cierto día, una de sus alumnas apareció en la clase con una quemadura en el rostro. Él le preguntó qué le había pasado y la niña acusó a Mary Bell de apagar un cigarrillo en su mejilla. Preocupado por la violencia entre sus alumnos, el maestro increpó a Mary sobre este tema y le preguntó sin vueltas si ella había quemado el rostro de su colega, a lo que la muchacha respondió que sí. Incrédulo ante la pasmosa tranquilidad de la chica, quiso saber si al menos se sentía arrepentida de lo que había hecho, a lo que Mary contestó «Oh, claro» sin ninguna solidez.

Los maestros sabían que tanto Mary como Norma Bell eran violentas con sus compañeros, así como mentirosas y crueles; sin embargo, nada se hizo desde la institución al respecto. Los otros chicos se limitaban a alejarse, tanto en los recreos como en la calle, para no caer víctimas de sus bromas pesadas o sus golpes.

Mary era una niña bonita e inteligente, usaba su cabello negro con el corte carré que estaba de moda, un espeso flequillo, y tenía una dulce sonrisa y profundos ojos azules. Los maestros la consideraban muy inteligente a pesar de que eso no se reflejara en sus notas; faltaba mucho a clases y era demasiado distraída para alcanzar buenas calificaciones.

Norma, por su parte, tenía una mirada siempre triste en sus ojos color almendra. Llevaba el cabello corto algo descuidado, igual que su atuendo personal, quizá producto de las dificultades económicas que atravesaba su familia al tener que cuidar de 11 pequeños y no poder cubrir todas sus necesidades. A pesar de ser tres años mayor que Mary, Norma se comportaba como una niña más pequeña y le costaban mucho sus lecciones.

Cuando Mary y Norma comenzaron a ser mejores amigas, entre sus profesores, que veían crecer la amistad y la desigual relación entre ellas, repetían un chiste: «Si Mary le pidiera a Norma que se tire del puente Tyne, ella lo haría».

Con el paso de los días, el caso de Martin Brown terminó circunscrito al dolor de su familia y no se habló más del tema. Sin embargo, entre el 7 y el 9 de junio de 1968 —las fuentes difieren sobre esta cuestión— David McCready pasaba cerca del arenero de la guardería cuando vio a Mary arañando y pateando a otra chica —era Norma—. El joven quiso acercarse para intervenir en favor de la víctima, pero Mary comenzó a los gritos: «¡Soy una asesina!», lo que repetía frenéticamente una y otra vez. Y a continuación, señalando el lugar donde había sido hallado el cadáver de Martin aseveró: «En esa casa de allá, es donde yo maté...». El joven McCready, al ver que Norma ya no corría peligro y reconocer en Mary a la niña que otros señalaban como mentirosa, ignoró sus palabras y siguió su camino.

La dupla Bell, sin embargo, siguió haciendo de la suyas. A principios de julio, el sistema de alarmas de la guardería Woodland's Crescent, instalado a instancias de la policía tras el ataque de fines de mayo, se encendió. Al lugar acudieron rápidamente algunos agentes de la autoridad y dos niñas fueron interceptadas en su intento de asalto: eran Norma y Mary Bell. No llegaron a causar ningún desmán en esta visita y aseguraron que querían entrar para husmear simplemente y que era su «primera vez». A pesar de su corta edad, las chiquillas fueron citadas a declarar en el Tribunal de Menores. Las dos desconocieron alguna intromisión anterior y se culparon mutuamente sobre quién había tenido la idea de entrar en la guardería.

Un tanto enemistadas por la controversia generada después del fallido intento de entrar a Woodland's Crescent, Mary ideó un plan para exponer a su amiga y hacerla quedar como la culpable de la muerte de Martin Brown. A pesar de que el caso había quedado abierto pero el expediente consignaba «muerte accidental», Mary Bell contó, frente a algunos vecinos y conocidos cómo Norma había asesinado al chiquillo. Con total tranquilidad, Mary explicó cómo Norma «puso sus manos en la garganta de Martin

Brown, apretó y él simplemente se cayó». Quienes fueron testigos de estas palabras refieren que Mary se tomó con las manos el cuello y simuló apretándose la garganta... hasta sacó la lengua para ilustrar cómo había sido la muerte del pequeño Brown.

Problemáticas con los otros niños, mentirosas, violentas y ahora también en la mira de los docentes y de la policía, las chicas Bell —con Mary como líder del dúo— se ganaban con creces el recelo y la enemistad de toda la comunidad.

Capítulo 5

INFANCIA ROTA

> «Por favor, mamá, tranquiliza mi pequeña mente, dile al juez y al jurado de rodillas… que la culpable eres tú, no yo.»
>
> MARY BELL, carta posterior a que el tribunal la declarara culpable.

Por increíble que resulte, los derechos del niño son facultades relativamente novedosas en la sociedad occidental. En los albores del siglo XX, ningún país tenía leyes que protegieran la infancia y los niños trabajaban a la par y en las mismas condiciones que los adultos, muchas veces, en condiciones inseguras e insalubres. Fue en reconocimiento de esta injusticia que desde algunos organismos supragubernamentales empezaron a impulsarse cambios.

En 1924, la Declaración de Ginebra sobre los Derechos del Niño pone por primera vez a la infancia en la mira, en un intento de luchar contra el trabajo infantil. Pero debieron pasar 35 años para que, en 1959, se aprobara la Declaración de los Derechos del Niño, que reconoce, entre otros, «el derecho del niño a la educación, el juego, la atención de la salud y a un entorno que lo apoye». Y aun debieron pasar otras tres décadas más para que la sociedad reconociera, por lo menos jurídicamente, los derechos de los más pequeños. Así el 20 de noviembre 1989 se adoptó la Convención sobre los Derechos del Niño, impulsada por la Organización de las Naciones Unidas, aunque solo tiempo más tarde y paulatinamente los países miembros fueron adscribiendo a la misma.

Sin embargo, en un documento que Inglaterra envió a las Naciones Unidad en 2016 se advertía que «como principio general, el Estado parte (Reino Unido) no incorpora los tratados internacionales a la legislación nacional», aunque reconoce que ha trabajado «en el fortalecimiento significativo de los derechos del niño, en especial mediante la Ley de los Niños y las Familias de 2014, que mejora los servicios destinados a los niños y refuerza las facultades del Comisionado de la Infancia». En el mismo documento, las autoridades británicas mencionan la erradicación del castigo corporal en las escuelas y aprueba las medidas de coerción, como última alternativa disciplinaria. Las leyes a la que hace alusión en el documento de las Naciones Unidas son posteriores al año 2000.

Poner en contexto la situación de la infancia de una nación altamente industrializada pero empobrecida a fines de la década de los años sesenta es por lo menos una cuestión espinosa. Y tal vez solo reconociendo algunos de estos precedentes, será posible comprender los acontecimientos que marcaron la vida de la protagonista de esta historia: Mary Flora Bell.

Mamá Betty

Aunque no es posible rastrear demasiado lejos el árbol genealógico de Mary Bell, se sabe que su madre, Betty McCrickett (tal su apellido de soltera), había nacido en la ciudad escocesa de Glasgow en 1940. En sus primeros años Betty fue una ferviente practicante católica, al punto de que su propia madre especulaba con que su hija sería monja. Al mismo tiempo, una de sus hermanas, Cathy, se mofaba de ella, ya que se la pasaba dibujando altares, cementerios, tumbas y monjas.

A mediados de los años cincuenta, la familia McCrickett se mudó de Glasgow a Gateshead, una pequeña ciudad en la ribera sur del río Tyne, algo así como una localidad en espejo a Newcastle. Allí su vida dio un giro de 180 grados. Ya adolescente, Betty comenzó a beber, a probar algunas drogas y, producto de la promiscuidad sexual, quedó embarazada a mediados de 1956. Un poco por desconocimiento y especialmente por temor a la represalia familiar, Betty ocultó su embarazo todo lo que pudo. Finalmente, apenas meses antes de dar a luz la chica contó la verdad a su familia que, a pesar de lo precoz de la maternidad, se sintió feliz por la llegada de un nuevo miembro al clan y porque un bebé, pensaban, sería capaz de cambiar el tren alocado de vida que llevaba la muchacha.

El 26 de mayo de 1957, apenas unos minutos después del parto, cuando la enfermera le confirmó que se trataba de una niña y quiso acercársela a su madre, la primera reacción fue gritar «Alejen esa cosa de mí», aunque otras traducciones —de acuerdo con las fuentes consultadas— son más las literales y refieren que dijo: «Llévense a esa mierda de aquí». Estas palabras marcaron el inicio de una relación que iría mucho más allá de lo problemático.

Desde el primer instante Betty rechazó a Mary. Durante los primeros meses, sin embargo, al vivir en la casa familiar en Gateshead, la bebé disfrutó del cariño y las atenciones de su abuela y de sus tíos Philip, Cathy e Isa.

Pero a los pocos meses de nacida su hija, en marzo de 1958, Betty conoció a Billy Bell, con quien se casó, y pronto, para el otoño de ese mismo año, Betty tendría su segundo hijo. Billy por su parte, le dio el apellido a la pequeña Mary, cuyo padre biológico era desconocido.

En noviembre de 1959, la recientemente formada familia Bell se mudó a Newcastle y, a falta de mejor oferta habitacional, considerando que Billy era un confeso delincuente, recalaron con los dos niños en el Callejón de las Ratas.

Una vez instalados allí, Billy volvió al robo a mano armada y Betty se dedicó, ya lejos de la mirada materna, a la prostitución. Eran habituales sus viajes por trabajo a Glasgow, donde permanecía varios días dejando a los niños a merced de los pocos horarios que su esposo estaba en casa, o al cuidado de algún vecino, o directamente solos.

Adopción, drogas, accidentes...

A los pocos meses de la mudanza, Betty le escribió una carta a Cathy, su hermana, contándole que había entregado a Mary a una familia amiga. Preocupada por lo grave de la situación, Cathy fue hasta Newcastle, localizó a su pequeña sobrina y luego de varios días de tratativas logró restituir a Mary a su casa. Pero la paz en el hogar de los Bell no era una condición posible.

Al cumplir un año, Mary sufriría su primer accidente. En la casa de su abuela, la pequeña encontró un frasco de pastillas y se las tomó. Eran los ansiolíticos que la mujer escondía celosamente detrás de un viejo gramófono, que decoraba su hogar en lo alto de una cajonera. ¿Cómo sabía la pequeña que allí había píldoras? ¿Cómo abrió el frasco con cierre a prueba de niños? ¿Cómo accedió con apenas un año a lo alto del mueble y se tragó un montón de pastillas sin atractivo ni sabor?

La abuela se percató rápidamente de los incipientes efectos de la medicación en la niña y la llevó al hospital, donde inmediatamente le lavaron el estómago y salvaron su vida. La madre de Betty nunca creyó que la pequeña hubiera accedido sola al frasco y siempre sospechó que su hija Betty había abierto el envase y lo había dejado al alcance de Mary, que como toda chiquilla era muy curiosa.

En otra oportunidad, la tía Cathy fue a visitar a sus sobrinos y llevó de regalo un paquete de dulces que les dejó en una pequeña mesa ratona ubicada en medio del cuarto de estar. Cathy se adelantó a la cocina para preparar un té y pronto se le unió Betty para ponerse al día de las novedades familiares. Cuando Cathy volvió con los niños, descubrió con horror que, mezclados con los dulces que ella había llevado, había unas píldoras triangulares. Se trataba del Drinamil, una droga que consumía Betty.

Esas pequeñas pastillas triangulares, conocidas como «corazón púrpura», eran una mezcla de anfetaminas y barbitúricos muy populares en aquel momento, especialmente en el ambiente del rock y de la prostitución. Sus efectos eran la pérdida por completo del apetito y una necesidad implacable de mantenerse en actividad, además de tener un registro equívoco de las sensaciones físicas. La tía de los chicos, aún conmocionada, obligó a los niños a vomitar, dándoles un enorme vaso de agua caliente con sal y luego los llevó al hospital. Allí les suministraron antídotos para los posibles efectos del Drinamil que no llegaron a expulsar y tras algunas horas en observación en el centro médico, les dieron de alta.

Para las autoridades hospitalarias y también para la policía, que dada la gravedad del asunto debió ser notificada, el hecho fue accidental. Pero Cathy jamás lo creyó. Cuando le preguntó a su hermana sobre cómo los niños podían acceder en su casa a drogas tan peligrosas, simplemente le respondió que debían haberle sacado la botella de la cartera.

Cuando Cathy McCrickett regresó a su hogar y contó lo sucedido, Jack, su esposo, se ofreció a velar por la seguridad de la niña y darle un hogar, pero a pesar de las insistencias del matrimonio, Betty jamás permitió que su familia ayudara a Mary.

La realidad es que Betty intentaba matar a su hija. Durante una de sus visitas a la abuela en Gateshead, Betty intentó arrojar a la niña por la ventana. Aparentemente Mary pidió orinar y Betty, para no subir un piso y llevarla hasta el cuarto de baño, la desnudó y la asomó por la ventana de la cocina. Otro de los hermanos de Betty, Phillip, vio la situación desde la planta baja y llegó justo a tiempo para salvar a su sobrina, ya que su madre, dado el peso de la niña, ya no podía sostenerla más.

Betty Bell, la madre de Mary, se drogaba y prostituía. En muchas ocasiones, puso en riesgo la vida de sus hijos.

La permanente conducta errática de Betty, su adicción a las drogas y su trabajo como prostituta pusieron en alerta máxima a la familia. Con Billy no se podía contar porque pasaba más tiempo en la cárcel que en la casa... y con el tiempo, el matrimonio se convirtió en un incordio también para los vecinos, que habían dejado de ser solidarios con ellos, a sabiendas de sus actividades francamente delictivas.

Tiempo después del episodio de los dulces mezclados con barbitúricos, Betty intentó dar en adopción a Mary. De acuerdo con una nota publicada en *BBC Mundo*, en noviembre de 2016: «Entre 1950 y 1980 más de medio millón de bebés fueron separados de sus madres, dado que las adopciones no estaban manejadas ni reguladas por el gobierno. Hacia 1968 la Iglesia Católica, la Iglesia de Inglaterra y el Ejército de Salvación presionaban a madres solteras a dar en adopción a sus hijos (...). Las desalentaban a mantener consigo a sus bebés, por ser madres solteras o jóvenes, por no tener un apoyo económico y por no contar con ayuda médica adecuada».

La situación de Betty, aunque Mary ya no fuera un bebé, entraba dentro del objetivo público de la agencia de adopción. Entonces simplemente tomó a su hija, llegó a la oficina más próxima a su domicilio e hizo entrega de la niña a la primera persona con la que se cruzó. Había en la agencia una mujer que intentaba adoptar, pero que no lo tenía permitido por la edad y por no estar psicológica ni emocionalmente equilibrada. Betty puso a Mary en los brazos de esta mujer y le dijo: «Traje a esta para que sea adoptada. Tenla», y se retiró.

La completa extraña se llevó a Mary, pero la suerte quiso que lsa, hermana menor de Betty le siguiera sin hacerse ver hasta la agencia y luego no perdiera el rastro de su sobrina. Isa tomó nota de la dirección de la mujer que había adoptado a la niña y se dirigió allí acompañada de las autoridades de la agencia. Una vez más, Mary fue recuperada y devuelta con su madre, en esta oportunidad con ropa y calzado que la muy provisoria madre adoptiva le había comprado.

Pasaron pocos meses hasta que Betty intentó nuevamente asesinar a Mary. La mujer dejó al alcance de la niña y mezclada con un manojo de Smarties —lentejas de chocolate confitadas— una buena cantidad de pastillas de hierro. La pequeña estaba sola y se comió los Smarties y las píldoras sin distinción, quedó inconsciente y otra vez fue llevada al hospital de urgencia, donde le salvaron la vida tras un lavaje de estómago. La propia Mary dijo que su mamá le había dado los dulces... pero jamás pudo distinguirlos de las pastillas de hierro.

¿Quién podía ya creer en tantos accidentes? En el hospital las visitas de la niña Bell eran sinónimo de advertencia a la policía y tanto la madre de Betty como sus hermanos quisieron tomar cartas en el asunto. El resultado fue que ninguno de los McCrickett fue autorizado a ver a la niña. Betty dejó de hablarles, de recibirles y de llevar a la pequeña a visitarles, y perdió contacto con ellos por varios años.

Y también, sexo

A esta altura del relato, es dable pensar que nada peor le podía pasar a la pequeña Mary Bell. Alejada de sus tíos y su abuela, en manos de una madre asesina y de un padrastro ausente, las cosas sin embargo se pusieron aún peor.

Betty Bell viajaba seguido a Glasgow por trabajo, pero en los largos períodos en los que su esposo Billy permanecía encarcelado, ella se prostituía en su propia casa. Betty era conocida por sus dotes de dominatriz, como mujer que ejerce el papel dominante en prácticas sexuales de sadomasoquismo, además de ser adicta al alcohol y otras drogas.

Mary compartía sus horas entre la guardería y su casa, donde vivía atormentada por los gritos que invariablemente venían del cuarto de su madre. Según se supo años más tarde, cierta tarde Mary abrió la puerta de la habitación de Betty y se quedó absorta mirando una escena que no entendía pero que la asustó. El entonces acompañante de su madre, lejos de horrorizarse encontró satisfactoria la presencia de la tierna niña, que pronto fue incorporada a las sesiones de los clientes especiales, dispuestos a abonar un extra a la tarifa habitual.

Así fue que, a la edad de 4 años, Mary Bell fue obligada a realizar una felación a uno de los clientes de su madre. Simplemente Betty la sentó en su falda, le tomó la cabeza y la obligó a permanecer con la boca abierta todo lo que podía, hasta que el hombre eyaculó. Ese fue el primero de muchos «trabajos» que debió realizar la pequeña junto a su madre. Al repetirse una y otra vez estos episodios, Mary entendió que era peor resistirse y simplemente se dejaba hacer con tal de que la pesadilla terminara lo antes posible.

Con el tiempo, esta práctica pasó a llamarse en la casa «Farol del ciego», porque Betty vendaba los ojos de Mary y le sostenía la cabeza quieta tomándola firmemente por el cabello. Luego de la eyaculación, Mary aprendió a vomitar.

Para cuando la niña aprendió a leer y escribir, su madre entendió que ya estaba preparada para el paso siguiente. Una tarde, al regresar de la escuela, Betty esperó a su hija con la merienda… algo andaba mal, la niña lo percibió, eso jamás sucedía.

Ella no sabía que en su taza de leche había un tranquilizante suave que la ayudaría a pasar lo que estaba por venir. Betty llevó a Mary a su cuarto donde la esperaba un hombre semidesnudo. Sí, a poco de cumplir los 8 años, Mary Bell fue desflorada por un pedófilo que abonó una importante cantidad de dinero.

Las siguientes violaciones fueron por sumas menos abultadas, dado que la niña ya no era virgen. En otras oportunidades, los hombres tenían sexo anal con ella y otras veces Betty la golpeaba con un látigo para entretenimiento de sus clientes.

Para evitar que su hija revelara esos suplicios, Betty la amenazaba con «encerrarla para siempre», aunque no precisaba dónde. Eso sí, luego de la «atención» a algún cliente, Betty trataba bien a la niña, no le gritaba y hasta algunas veces la compensaba con dulces.

En manos de una madre pervertida y lejos de su familia, Mary desarrolló —¿acaso podía ser de otra manera?— una personalidad agresiva, errática por momentos, con tintes de sadismo y sin ningún tipo de empatía hacia los demás. Era una alumna problemática y una chica de la que nadie quería ser amiga.

Capítulo 6

MUERTE NO ACCIDENTAL

> «**Brian no tiene madre, así que nadie**
> **lo extrañará.**»
>
> MARY BELL, cita de su diario.

El 31 de julio de 1968, otro niño fue asesinado y se convirtió en la macabra noticia del día. Brian Howe, de 3 años, desapareció y pronto se activaron las alarmas. Poco más de un mes había pasado desde la muerte, aunque considerada accidental, del pequeño Martin Brown. El barrio por completo salió en su búsqueda.

La familia Howe estaba formada por un padre y sus cuatro hijos. Vivían en el 64 de Whitehouse Road. Estaban por cumplirse 18 meses desde que la señora Howe abandonara intempestivamente a su familia, por lo que Pat, la hija mayor del matrimonio, de 14 años, había tomado provisionalmente su lugar. Ella se encargaba de la casa y de los más chicos: Norman, de 7 años, y Brian, de 3. Su hermano mayor, Albert, y su papá, Eric, trabajaban para sostener el hogar. A pesar de su corta edad, Pat era una gran mamá para sus hermanos menores y dada su simpatía y buen humor, todas las mujeres de la comunidad le ayudaban con consejos de crianza, recetas de cocina o simple compañía, dadas las circunstancias que tenía que enfrentar.

Ese miércoles 31 de julio, alrededor de las cinco de la tarde, Pat notó que su hermano pequeño, Brian, no había vuelto a casa para la hora de la cena y decidió salir a llamarle. Hizo un rápido relevamiento visual de los alrededores y al no verle... salió en su búsqueda. A pocos metros de su casa, en el 66 de Whitehouse Road, la adolescente vio a Mary Bell sentada en un escalón. Al ser la primera persona con la que se encontraba, le preguntó: «Mary, ¿has visto a Brian?». La niña pensó unos instantes tratando de hacerse la idea de cuándo había visto al pequeño por última vez y finalmente contestó: «No, pero puedo ayudarte a buscarlo».

Ambas hicieron algunos metros y se encontraron con Norma, quien por un rato también se unió a la búsqueda. El primer lugar en el que preguntaron fue en Dixon's, la tienda de dulces más popular del barrio, pero nadie de los que estaba allí había visto a Brian, ni a un niño pequeño deambulado solo.

A pesar de que todavía había luz natural, el 31 de julio el sol se pone temprano en esa zona, así que las sombras iban ganando terreno a pasos agigantados y el pequeño continuaba sin aparecer. Las chicas recorrieron todas las calles del barrio. Nada cuesta imaginar que, pasados apenas los primeros minutos de búsqueda infructuosa, Pat empezó a preocuparse más y más.

Al no tener éxito, decidieron aventurarse hacia el puente sobre las vías y desde allí intentaron localizar algún movimiento en los alrededores de Tin Lizzie. Desde esa altura podían ver las edificaciones abandonadas, los escombros y la maleza que crecía a los lados de las vías, pero no había indicios de Brian.

De acuerdo con la información publicada en el sitio Criminalia, fue entonces que Mary, apuntando con la mano hacia unos gigantescos bloques de concreto dijo: «Podría estar jugando por ahí, detrás de los bloques o escondido». Pero Pat rechazó de plano la idea moviendo negativamente la cabeza. Norma, por su parte, que seguía el recorrido con atención pero unos metros detrás de Pat y Mary, dijo: «No, no... él nunca va ahí». Norma Bell también conocía muy bien al pequeño Brian porque en algunas oportunidades, además de cuidar de sus hermanos, le había tocado vigilar a Brian y a su amiguito John Finlay.

Búsqueda y angustia

Norma y Pat estuvieron de acuerdo en que el pequeño Brian no se alejaba demasiado de la casa y volvieron a Scotswood para recorrer nuevamente las calles. Pasaron casi dos horas en la búsqueda. A las siete de la tarde, la hermana mayor del pequeño desaparecido avisó a la policía.

A los pocos minutos, los agentes comenzaron a investigar: todavía estaba demasiado presente la desaparición y el triste hallazgo de Martin Brown, por lo que, para las ocho de la noche, el barrio entero le buscaba desesperadamente.

Tres horas más debieron pasar hasta hallarle. La búsqueda se concentró en las proximidades de la casa y a lo largo de Whitehouse Road, pero luego se fue expandiendo hasta alcanzar la zona de edificios abandonados. Allí le hallaron sobre las once de la noche, tendido sobre un bloque de cemento, detrás de una enorme montaña de escombros.

Estaba vestido, acostado boca arriba y su cuerpo había sido semicubierto con pastos que crecían en Tin Lizzie por doquier. Tenía signos visibles de haber sido estrangulado, la nariz presentaba algunos rasguños y de la comisura de sus labios entreabiertos y de impactante color violeta, salía un hilo de saliva y sangre.

La policía no permitió que nadie se acercara al lugar, para preservar mínimamente la escena del crimen y para evitar tan triste escena a los vecinos, especialmente a los más pequeños, quienes con morbosa curiosidad pugnaban por acercarse al lugar.

Una segunda mirada al cuerpo del niño denotó que tenía marcas de presión y rasguños en el cuello. A pocos metros, tirada en el pasto, la policía recuperó unas tijeras: tenían una hoja rota y la otra doblada hacia atrás. Pero encontraron además signos de ensañamiento con el cadáver: le faltaban algunos mechones de pelo, habían intentado cercenarle el pene y presentaba cortaduras poco profundas en las piernas.

Hipotéticamente hecha con las mismas tijeras rotas, también encontraron una suerte de firma del asesino sobre el abdomen. En el pequeño vientre del pequeño de tres años, el asesino había grabado una letra N reconvertida a continuación en una M con la punta de las tijeras.

Dolor e indignación

El personal policial no salía de su asombro, ¿dos niños muertos en poco más de un mes? Niños tan pequeños que no tuvieron chance alguna de defenderse, y evidentemente sin enemigos. ¿Qué tipo de personalidad podía esconderse detrás de estos asesinatos? De alguna manera, el descubrimiento del cuerpo de Brian replicó la muerte de Martin en la memoria de los policías, quienes comenzaron a plantear relaciones, conjeturas, sospechas... Una cosa era vivir en el barrio con más delincuentes de la ciudad, el más pobre, el más abandonado, y otra encontrar a dos niños cruelmente asesinados en tan poco tiempo. Esto superaba todo lo imaginado.

Sin pérdida, el cadáver del chiquillo fue llevado ante el médico forense, el Dr. Bernard Tomlinson, quien tras una exhaustiva investigación, comunicó un dato que descolocó a todos: por la fuerza aplicada en la estrangulación y la sección de cuello marcada, esto es, hasta donde habían llegado las manos del victimario, el asesino era un niño o eventualmente una persona con poca fuerza y manos pequeñas. La autopsia determinó que la hora de la muerte se encontraba entre las tres y las cuatro y media de la tarde de ese mismo 31 de julio.

Mientras tanto, las más locas leyendas urbanas comenzaron a difundirse en Scotswood: a falta de verdaderas pistas se habló de demonios, de brujas y hasta de un hombre lobo. La policía, por su

Una calle de Newcastle muestra las viviendas económicas y de arquitectura regular donde residían los trabajadores del parque industrial.

parte, planteaba la hipótesis de un depravado que secuestraba y mataba sin más a sus víctimas. Pero con el correr de las horas, la información fue decantando y se pudieron poner en claro algunas ideas. ¿Qué similitudes tenía esta muerte con la del chico Brown? ¿Estaban relacionadas?

Las amigas Mary y Norma, por su parte, primeras en la línea a la hora de buscar al pequeño Brian, permanecieron muy —quizá, demasiado— atentas a los acontecimientos. Hablaron en repetidas oportunidades con Eric, el papá de Brian, y con el resto de la familia Howe insistiendo en conocer el informe del forense. Fue tanta su ansiedad y su merodear acerca del caso que uno de los detectives asignados, James Dobson, creyó notar que algo raro pasaba con esas dos chicas.

Más de 1.200 niños interrogados

Dado el veredicto del forense, cualquier niño de Scotswood podía ser el responsable. Todos conocían Tin Lizzie como la palma de su mano y a pesar de las prohibiciones de sus padres sobre ir allí, era el lugar de juego por excelencia. La policía se dio a una tarea inédita en los anales de la investigación criminal: interrogó a más de 1.200 pequeños y jóvenes de entre 3 y 15 años mediante un cuestionario que se entregó en más de mil casas de la zona.

El detective de la policía James Dobson, sin embargo, tenía la mira puesta en dos niñas, las mismas que habían colaborado con la búsqueda y que se interesaban en los avances de la investigación: las vecinas Mary y Norma Bell.

En menos de 24 horas, los 1.200 interrogatorios estuvieron completos. La policía detectó incongruencias en doce de ellos, de los que requirió información adicional. Entre los cuestionarios seleccionados estaban los de Mary y Norma Bell.

En primer término, el detective Kerr se dirigió a la casa de Norma: parte de las respuestas de su cuestionario eran ilegibles, en especial la referida a cuándo había sido la última vez que vio a Brian Howe. En el libro de Silvya Perrini, *Killer child, Mary Bell: A Tragic True Story*, se detalla que fue el propio Kerr quien tomó la declaración de Norma, y que se sintió consternado con la actitud de la niña: ella conocía muy bien al pequeño Brian y mientras se sucedían las respuestas «no paraba de sonreír, como si se tratara de una broma».

Norma declaró entonces que había visto por última vez a Brian Howe cerca de la una menos cuarto de ese miércoles y que le vio jugando con dos niñas y su hermano, justo en la esquina de su propia casa, sobre Whitehouse Road. Norma también contó que entre la una y las cinco de la tarde había estado en la calle jugando con sus amigas Gillian y Linda Routledge y que en algún momento fueron a la casa de la familia Routledge, que quedaba en el 59 de Whitehouse Road, donde se pusieron a hacer pompones.

Cuando fue requerida la presencia de Mary Bell —también por parte del alguacil Kerr— su padrastro Billy, muy lejos de querer colaborar, permitió que el perro de la casa, un alsaciano o pastor alemán de pelo largo atacara a la policía.

Apenas pasaron algunas horas y los investigadores volvieron al 70 de la calle Whitehouse Road para interrogar a Mary. Sin embargo, fue muy difícil convencer a la pequeña de que su declaración no perjudicaría la situación patrimonial de la familia, ya que los niños Bell sabían que debían llamar «tío» a Billy, para que su madre pudiera conservar el subsidio por ser madre soltera que cobraba por sus tres hijos.

Falsas confesiones

Finalmente, fue el propio detective James Dobson quien le interrogó. Cuando le preguntó «¿Cuándo fue la última vez que viste a Brian Howe?», la niña estuvo un rato pensativa y replicó: «Le vi alrededor de las doce y media, jugando con su hermano Norman en Whitehouse Road». Paralelamente, negó haber estado cerca de la taberna Delaval Arms Public House o de Tin Lizzie ese día.

Sin embargo, a medida que las declaraciones de los otros diez niños, cuyos cuestionarios fueron puestos a revisión, mostraban una coartada sólida, Norma y Mary Bell continuaban siendo sospechosas. ¿No entendían la importancia de decir la verdad en un caso tan serio como este? ¿O sencillamente estaban mintiendo?

El viernes 2 de agosto, Mary fue nuevamente entrevistada —esta vez por el sargento detective Docherty— y en esta oportunidad hizo una aclaración que se contradecía con sus primeros dichos. Afirma Sylvia Perrini en su obra sobre el caso, que Mary Bell aseguró que había visto a un chico, cerca de Delaval Road un rato después de que Brian fuera asesinado. Aprovechó para decir que: «Él estaba cubierto de pasto y pequeñas flores púrpura y tenía tijeras en sus manos, aunque había algo mal con ellas... como que una de las hojas estaba rota o doblada». Y concluyó: «Le vi intentando cortarle la cola a un gato con esas tijeras».

El menor acusado por Mary fue inmediatamente interrogado por la policía, pero sus padres y otros adultos pudieron asegurar que esa tarde el pequeño había estado en el aeropuerto de Newcastle, a poco más de 12 km del Callejón de las Ratas.

El aporte de Mary sobre las tijeras y el pasto que cubría el cuerpo terminó de inculparla: ninguno de esos dos datos había trascendido a la prensa y no había más testigos que los policías que llegaron primero al lugar. Tampoco había fotografías de la escena del crimen que pudieran haberse filtrado de alguna manera, máxime teniendo en cuenta el corto lapso que había transcurrido desde el hallazgo del pequeño Brian. Esto, sumado a los cambios de declaración de Norma, hizo que la policía se centrara en las chicas Bell y cerraran filas sobre una idea: o alguna de ellas era la culpable, o las dos eran las asesinas, o habían visto a alguien matar al chiquillo. En cualquiera de los casos, ellas tenían la clave de lo que había sucedido.

Simultáneamente, en muchos de los testimonios de otros chicos y también adultos interrogados, se desprendía que Norma y Mary, como tantas otras veces, habían sido vistas juntas esa tarde, aunque ninguna de las dos nombró a la otra en sus respectivas declaraciones.

Una vez más la policía interrogó a Norma, pero esta vez la llevaron a la estación, que en ese entonces quedaba sobre Westgate Road, donde le advirtieron el peligro que conllevaba para ella seguir mintiendo si era inocente. Entonces Norma se quebró y, según consigna Sylvia Perrini en su investigación del caso, aseguró: «Mary me dijo que mató a Brian y me llevó a ver el cuerpo a los bloques. Me asusté un poco cuando le vi, sus labios estaban de color violeta». Según las palabras de Norma, Mary le había contado: «Aprietas su cuello y presionas sus pulmones; así es como les matas».

Se cierra el círculo

Tras un primer momento de incredulidad —la policía había ya escuchado varias versiones de Norma Bell del día del asesinato—, decidieron retenerla para que no pudiera hablar bajo ninguna circunstancia con su amiga Mary, y de inmediato fue enviada a un hogar para niños solo por esa noche.

Enseguida salieron en busca de Mary para llevarla a la misma estación donde había comparecido Norma. Allí, en compañía de su tía Audrey —la hermana de Billy, ya que su mamá estaba en Glasgow—, le dijeron que su amiga la había señalado como la asesina. La niña no se inmutó y se mantuvo firme en sus testimonios anteriores, aunque agregó que había estado en el parque apenas un rato, paseando a su perro.

Tras un largo interrogatorio de tres horas, Mary fue devuelta a su casa. Sus respuestas, inteligentes y bien calculadas, asombraron a la policía. De acuerdo con el libro de Sylvia Perrini citado, James Dobson, detective principal a cargo del caso, le contó a Mary casi en forma de infidencia: «Tengo motivos para creer que cuando estabas cerca de los bloques de concreto con Norma, un

El cuerpo de Brian Howe, de tres años, apareció entre los escombros de Tin Lizzie, boca arriba y estrangulado. La asesina le había marcado el vientre con una "M".

hombre les gritó a unos niños que estaban cerca y ustedes salieron corriendo desde donde Brian estaba tirado. Este hombre probablemente te reconozca».

Y Mary, encogiéndose ligeramente de hombros, le respondió: «Ese señor debería tener una muy buena vista». Y ante la repregunta de Dobson: «¿Por qué debería tener una buena vista?», la pequeña contestó sin pensar: «Porque él fue... muy listo para verme cuando yo no estaba ahí».

Dicho esto, la niña, a pesar de sus once años y de estar declarando en la propia estación de policía acusada de un asesinato, concluyó: «No voy a hacer más declaraciones. Ya hice muchas declaraciones. Siempre es por mí por quien ustedes vienen. Norma es una mentirosa; ella siempre intenta meterme en problemas». Fue esa la primera vez que se la vio nerviosa, pero de todas maneras aseguró: «Yo, Mary Flora Bell, deseo hacer una declaración. Quiero que alguien escriba lo que digo. Fui avisada de que no tengo que decir nada a menos que desee hacerlo, pero todo lo que diga puede ser presentado como evidencia».

Tras la autopsia y los trámites de rigor, al día siguiente, miércoles 7 de agosto, se realizó el sepelio de Brian Howe. Fue un evento multitudinario. Desde toda Gran Bretaña llegaron flores y palabras de condolencia: algunos detalles escabrosos de su muerte habían sido publicados por la prensa, y la opinión pública estaba indignada y muy apenada.

Como parte de su trabajo de investigación y también por pertenecer a la comunidad, esa mañana el detective James Dobson siguió con la vista, desde un lugar de respetuosa distancia, el recorrido del mínimo ataúd. Y fue entonces que vio a Mary Bell salir de su casa. «Yo estaba, por supuesto, observándola —explicó después a Gitta Sereny, cronista del caso y autora del libro *The Case of Mary Bell: A Portrait of a Child Who Murdered*—, y fue cuando la vi ahí que supe que no me atrevería a arriesgarme otra vez. Ella estaba ahí parada, riéndose y frotando sus manos. Yo pensaba "Dios mío, tengo que llevármela, va a hacérselo a otro más"».

Ese mismo día y tras pasar la noche en un hogar para niños, Norma aseguró que había estado el miércoles 31 de julio con Mary y que había ido con ella y Brian al lugar donde estaban los bloques de concreto, en pleno Tin Lizzie. También dijo que Brian llevaba consigo unas tijeras que su hermano le había dado.

Todo indicaba que iban a ir a jugar, simplemente. Primero treparon para ver qué había adentro de un tanque viejo, pero como emanaba un olor nauseabundo, cambiaron de juego. Fue entonces cuando Mary acostó al pequeño en el pasto... «Me di cuenta de que había algo mal con ella. Ella siguió forcejeando, y él luchando para sacarse sus manos de encima». Ya no se trataba de un juego, Mary soltó al niño por un momento y este comenzó a jadear. Pero el «juego» siguió. «Le dije "deja al bebé en paz", pero Mary contestó "ahora ya empecé, vas a ver lo que hago"».

La reconstrucción de los hechos por parte de Norma Bell, asustada y lejos de sus padres, fue sin embargo clara y sincera. Siguió contando: «Entonces me fui corriendo. Volví por el camino por el que habíamos ido y fui a jugar con mis amigos a Whitehouse Road. Luego Mary llegó un rato después —para los investigadores transcurrieron alrededor de veinte minutos— y me pidió que volviera donde estaba Brian, eran las cinco y media aproximadamente. Fui y vi que Mary tenía una hoja de afeitar en la mano, con eso escribió la M en la panza del bebé».

Norma Bell no alcanzaba a comprender la gravedad de los hechos que narraba... sonreía y se distraía al tiempo que declaraba. Esa misma tarde los investigadores llevaron a Norma a la escena del crimen. Allí pudo decirles dónde estaban los mechones de cabello del pequeño asesinado y el lugar de la hoja de afeitar, que inmediatamente fue guardada como evidencia.

Al tiempo que avanzaba la investigación policial y las partes del rompecabezas iban encajando, otros episodios que habían tenido lugar al poco tiempo de la muerte de Martin tomaron sentido. La tía Rita recordó y pudo aportar al expediente que Norma y Mary la habían estado acosando y preguntándole si extrañaba a su sobrino, hasta que ella de muy mala manera las echó de su casa. También la madre del primer asesinado, la señora June Brown, recordó cómo dos niñas, a las que ella no había prestado demasiada atención, habían insistido con ver a su hijo muerto en el ataúd.

Así las cosas, Norma, de 13 años, y Mary, de 11, eran las principales y únicas sospechosas de la muerte de Brian Howe, de 3 años. Y ahora se sumaba la reactivación del caso de Martin Brown, cuyo expediente había sido caratulado como muerte accidental, pero quedaba claro que, a la luz de las nuevas evidencias, debía ser exhaustivamente revisado.

Capítulo 7

JUICIO EXPRÉS

> **«Mary Bell representa un riesgo muy grave para otros niños si no es vigilada de cerca.»**
>
> RALPH CUSACK, juez del caso.

Ya arrestada, Mary contó su versión de lo sucedido en la tarde del 31 de julio, de acuerdo con el testimonio policial citado por Sylvia Perrini en *Killer child: Mary Bell: A Tragic True Story*.

Primera confesión: Norma es la culpable

Entonces Mary Bell comenzó a hablar: «Brian estaba en la calle, justo enfrente de su casa cuando Norma y yo caminamos hacia él. Pasamos por al lado suyo y Norma dice: "¿Vienes a la tienda Brian?", y yo digo: "Norma, no tienes dinero, ¿cómo puedes ir a la tienda?".

> «Ella dice "Nebby" —haciendo referencia a una marca de aspirador nasal infantil de moda en la época, que se promocionaba con el eslogan *mantén tu nariz limpia* (traducible por 'no te metas en líos')—. El pequeño Brian nos siguió y Norma dijo: "Camina enfrente nuestro". Yo le hacía señas a Norma para que Brian volviera con Pat, pero

Norma negaba con la cabeza y se hacía la que tenía tos para que él no nos escuchara. Caminamos por Crosshill Road, siempre con Brian un poco adelante nuestro y Norma intentó armar una pelea con un niño de color. Ella dijo "es hora de que te bañen, negrito". Pero en ese momento el hermano mayor del chico salió de una casa y la golpeó. Norma gritó: "Howay, levanta tus duques" (expresión vulgar que significa: 'Vamos, levanta tus puños') pero el chico se fue.

«Pasamos por al lado de la tienda Dixon's y trepamos hasta las vías. Cuando le pregunté a dónde quería ir, me respondió: "¿Sabes dónde está ese pequeño estanque donde están los renacuajos?". Fuimos al lugar donde hay un tanque enorme con agujeros. Norma entonces le hizo creer a Brian que nos iban a dar una caja de dulces. Llegamos hasta el tanque, pero Brian empezó a llorar. Norma le preguntó si le dolía la garganta y, así nomás, empezó a estrangularle. El lloraba más y más fuerte. Norma repitió: "Acá no es donde la señora viene con los dulces, es por allá, por los bloques grandes".

«Fuimos hasta donde están los bloques y ella le dice: "Vas a tener que recostarte" y él se acostó al lado de los bloques donde fue encontrado. Norma le dijo "levanta el cuello". Y él lo hizo. Ella lo agarra del cuello y le dice "ahora bájalo" y el bebé le hizo caso...

«Ella empezó a apretar su cuello de arriba a abajo. Lo apretó fuerte. Podías saber que era fuerte porque las puntas de sus dedos se habían puesto blancas. Brian forcejeaba y yo la tiraba de los hombros, pero se enojó. También le tiré un poco hacia atrás, agarrándola del mentón, pero me gritó. Para ese momento ya había golpeado la cabeza de Brian contra una madera o en el borde de una madera, no sé. Brian estaba tirado, inconsciente. Su cara estaba toda pálida y azulada y sus ojos abiertos. Sus labios estaban morados y tenía toda baba sobre ellos, que se convirtió en algo como espuma. Norma le tapó, y yo dije "yo no tengo nada que ver con esto. Debería delatarte, pero no lo voy a hacer".

En este momento de su testimonio y aunque no se había mencionado antes, ni en la confesión de Norma ni en las declaraciones posteriores de otros testigos, Mary involucró a la mascota de la familia Howe.

«La pequeña Lassie estaba ahí llorando. Norma le gritó "no empieces o te voy a hacer lo mismo". Pero seguía llorando, entonces Norma fue y la agarró del cuello, pero el perro le gruñó. Ella se asustó un poco y le dijo: "Bueno, bueno, no te vuelvas loca".

«Fuimos a casa, y yo llevé a la pequeña Lassie a la suya. Norma actuaba de manera graciosa y hacía caras raras. Después dijo: "Esta fue la primera, pero no será la última".

«Yo sentía mucho, mucho miedo. Llevé a Lassie, la bajé por las vías y fuimos a Crosswood Road. Norma entró a la casa, agarró unas tijeras y se las guardó en el pantalón. Luego dijo "ve y consigue una lapicera", yo dije "no, ¿para qué?", y ella dice "para escribir un mensaje en su panza".

«Pero yo no agarré la lapicera. Ella tenía una hoja de Gillette consigo. Volvimos a los bloques y Norma le cortó el cabello. Trató de cortarle la oreja y la pierna con la hoja.

Trató de mostrarme que era afilada, así que agarró su vestido en una parte que estaba rasgada y lo cortó, le hizo un tajo. En ese momento, un hombre venía por el costado de las vías con una nena rubia. Él tenía una camisa roja a cuadros y vaqueros azules. Me alejé. Norma escondió la navaja bajo un gran bloque de concreto y dejó las tijeras al lado del cuerpo. Ella se fue antes que yo, corriendo por el pasto hacia Scotswood. Yo no podía correr en el pasto porque tenía puestos mis suecos negros. Cuando nos alejamos un poco, ella dijo: "Mary, no deberías haber hecho eso, porque te vas a meter en problemas".

«Y yo no había hecho nada. No tenía las agallas ni para matar un pájaro por el cuello o la garganta o nada. Eso es horrible. Seguimos por el camino y llegamos a casa, tenía muchas ganas de llorar. Le dije a Norma: "Si Pat se entera de esto, te va a matar. No importa que hayas matado a Brian, Pat es como un hombre..., un marimacho, siempre está trepando edificios viejos y eso..."».

La declaración de Mary inculpando a Norma con todo lujo de detalles es de las más extensas que haya hecho. Sin embargo, la niña jamás perdió el hilo de la historia y aunque hubo algunas preguntas de la policía, volvió una y otra vez sobre sus dichos de modo preciso.

«Más tarde, estaba ayudando a buscar a Brian y tratando de hacerle entender a Pat que yo sabía que él estaba en esos bloques, pero Norma dijo "él no va a estar ahí, nunca va para ese lugar" y la convenció.

«Luego me llamaron para que vaya a casa, cerca de las siete y media, y ya me quedé adentro. Me despertaron cerca de las once y media de la noche, y nos acercamos a la puerta, nos dijeron que habían encontrado a Brian. Al otro día, Norma quería que la pusieran en un hogar. Ella me preguntó si huiría con ellos y yo le dije que no.

«He leído la declaración de arriba y me han dicho que puedo corregir, alterar o agregar lo que desee, esta declaración es verdadera. La hice yo por mi propia voluntad».

MARY FLORA BELL, testimonio policial, 7 de agosto de 1968, diecinueve y cincuenta y cinco horas.

El pueblo inglés, querellante

Al día siguiente, jueves 8 de agosto, Norma y Mary Bell fueron oficialmente acusadas por el asesinato de Brian Howe. A falta de un lugar mejor, quedaron bajo custodia policial en dos celdas de la estación de policía de Westgate Road.

Los periódicos del viernes 9 daban cuenta de la noticia: dos niñas de 11 y 13 años habían sido detenidas por asesinato. ¿Cuán subvertida podía estar la sociedad para que dos personas que apenas estaban ingresando en la adolescencia pudieran cometer un hecho tan aberrante? ¿Qué había ocurrido con los valores? El país entero comenzó a seguir con atención y cierto morbo el devenir de los acontecimientos.

En su primera noche, separadas apenas por una reja, las chicas se la pasaron gritando. Se acusaban una a otra de la situación que estaban viviendo y de los hechos por los que estaban inculpadas. Sin embargo, en algún momento de la noche, Norma fue vencida por el sueño, mientras que Mary, temerosa de orinarse en la cama de su celda, no logró dormir. A pesar de sus 11 años, Mary sufría enuresis y su madre la avergonzaba cada vez que no podía contenerse durante la noche; además de gritarle, sacaba su colchón a la vereda para que el barrio todo se enterara de lo sucedido.

A pesar de la muy inteligente maniobra de Mary para acusar a Norma, las pruebas inequívocamente se dirigían a ella, especialmente por los datos que les había brindado a los investigadores, que no habían tomado público conocimiento.

Entre esas pruebas, fue fundamental el aporte del cuaderno de tareas de Mary Bell. El maestro Eric Foster, consternado por las novedades de sus propias alumnas de la primaria de Delaval Road, volvió sobre los textos donde Mary escribía sobre el niño muerto, en este caso Martin Brown, y tomó especial relevancia su dibujo de un frasco señalado como «tabletas». Este solo dato estremecedor ponía a Mary Bell en la escena del crimen.

A la espera del juicio, Mary fue derivada primero a un centro de asesoramiento juvenil cerca de Londres, algo así como un reformatorio, y luego trasladada al centro penitenciario de Seaham en el condado de Durham, que alojaba entonces a señoritas halladas culpables de algún delito, de entre 14 y 18 años.

Durante la primera semana de arresto, Mary Bell no tuvo visitas. Su madre, Betty, apareció a los diez días y exclusivamente para retarla, porque el hecho de que su hija estuviera presa la había avergonzado. Mary, por su parte, temía que su madre tuviera que pagar una multa por estar ella acusada de asesinato y sabía que la familia carecía de medios económicos.

En una oportunidad, conversando con los guardias, la pequeña aseguró que a Brian (Howe, el segundo niño asesinado) «nadie lo va a extrañar, porque no tiene madre». La frialdad de Mary no conocía límites. De acuerdo con una de las biografías publicada en el sitio web Yaconic.com, el guardia le preguntó muy impresionado si ella se imaginaba cómo se sentía que alguien te estrangule, a lo que refieren que respondió: «Si estás muerto, estás muerto. No importa entonces. Asesinar no es malo. Todos nos morimos en algún momento igual».

Destinos que se bifurcan

A pesar de una primera noche en común, a partir de mediados de agosto, el destino de las chicas tomó rumbos distintos. Mary estaba en una cárcel, mientras que Norma Joyce Bell, gracias a las presentaciones de su abogado R. P. Smith Q.C. (estas dos últimas dos letras se traducen como «consejero de la Reina», es decir un letrado de cierto prestigio, casi siempre defensor y asignado a casos importantes o de gran relevancia social) estuvo recluida en un hospital psiquiátrico, el Prudhoe Monkton, donde el personal médico y de enfermería le trataban con cariño y dulzura.

El 5 de diciembre de 1968 dio comienzo el juicio contra Mary Flora Bell y su vecina Norma Joyce Bell. Fueron querellantes el Estado y las familias de los dos niños asesinados. El proceso se llevó a cabo en la Corte II del Juzgado de Newcastle y estuvo a cargo del juez, Ralph Cusack.

Si bien gran parte de la población pensaba que la Corte de la Corona no era el lugar apropiado para juzgar a dos menores, dado que la edad de imputabilidad en Inglaterra era de diez años, fueron tratadas como adultas. Hicieron con ellas, sin embargo, algunas diferencias: el juez permitió que sus abogados se sentaran al lado de las niñas durante el juicio, en el que se tomaron asimismo más descansos de los usuales para descomprimir la tensión y a veces el llanto, especialmente de Norma. Y también, para tranquilizar a la prensa que seguía cada movimiento de Betty Bell, madre de Mary, quien interrumpía con alaridos, lloriqueos, hipos y hasta momentos hilarantes en los que su peluca rubia directamente quedaba desencajada de la cabeza.

La estrategia de un solo asesino

El proceso comenzó con las palabras del abogado de la querella, Rudolph Lyons. De acuerdo con su teoría, los dos niños habían sido asesinados necesariamente por la misma persona, una de las dos acusadas. Luego explicó que quien fuera la culpable «había matado solo por placer» y describió con lujo de detalle el acoso de Mary y Norma a June Brown, la madre de Martin, y a la tía del niño, Rita, así como el morboso interés con que las chicas habían seguido la investigación policial por la muerte de Brian. Esto, sumado al ataque a la guardería Woodland's Crescent dejando su confesión en forma de notas, sumaba hechos en contra, en principio, para ambas.

39 personas fueron llamadas a declarar en calidad de testigos y la inmensa mayoría coincidió en que eran dos chicas raras, agresivas y muy amigas de meterse en problemas. Un perito de la querella admitió también que algunas fibras de un vestido de Mary fueron halladas en los cuerpos de los niños muertos, mientras que en los zapatos de Brian encontraron vestigios de las prendas que Norma usó el día de su muerte. Ellas, mientras tanto, se declararon inocentes y se culparon mutuamente de los asesinatos.

Mientras en la corte se desmenuzaban los hechos conocidos que habían culminado en el hallazgo de los dos cuerpos, el público en general y la prensa en particular comenzó a percibir de modo distinto a cada acusada.

Por un lado, estaba Norma, notablemente asustada con la situación, llorando casi todo el tiempo e incapaz de comprender qué ocurría a su alrededor. A pocos metros de donde se hallaba sentada, su familia intentaba contenerla: su madre irrumpió un par de veces durante el juicio para acariciarle la cabeza y cada vez que la niña se daba vuelta a mirar, su padre sonreía y le hacía señas para que intentara prestar atención.

En las antípodas, se encontraba Mary Bell, quien miraba desafiante lo que ocurría a su alrededor. Tampoco ayudaba su familia. A las escenas de su madre, se le sumaron la actitud de sus tías, que jamás se acercaron a la niña, y la de su padrastro, que seguía el proceso con la cabeza entre las manos. Aunque parecía inmune a todo, tampoco ella entendía qué estaba ocurriendo durante el juicio, como se advierte en la biografía publicada por

Murderpedia.org: horas antes de enterarse de que iba a ser leído el veredicto, le preguntó a una de sus cuidadoras: «¿Qué es lo peor que me puede pasar? ¿Me van a colgar?».

En la cuarta jornada del proceso, Norma fue llamada a declarar. Allí culpó a Mary de todo: del estrangulamiento, de haber hecho el dibujo de la M en el vientre de Brian, del intento de cercenarle el pene, del corte de cabello, de los otros cortes en las piernas... de todo. Aceptó que había acompañado a Mary en el ataque a la guardería y reconoció que parte de la caligrafía de las notas era de ella. A lo largo de su confesión, Norma se quebró repetidas veces y hablaba apenas con un hilo de voz, por lo que el juez debió otorgarle varios descansos para permitir que se recuperara.

El Dr. Frazer, psiquiatra que había tratado a Norma en el hospital Prudhoe and Monkton, citado al estrado, aseguró que se trataba de una niña «emocionalmente inmadura y de inteligencia subnormal, que no tenía capacidad de liderazgo». Dijo también, según publicó en una extensa nota BBC News, el 17 de diciembre de 1968, que «las pruebas de inteligencia a las que fue sometida durante su detención preventiva demostraron que tenía la edad mental de una niña de ocho o nueve años; además, no había mostrado signos de ser agresiva físicamente».

Hacia el sexto día del juicio, fue el turno de Mary Bell. Entonces se mostró confiada y segura de sus palabras, al punto de referirse con algunas bromas al abogado de la acusación, Rudolph Lyons. La opinión pública, independientemente de los alegatos, ya había tomado una postura: Norma era manipulada y Mary, la manipuladora.

Varias son las fuentes que recogen la por entonces transcripción taquigráfica del juicio: el primer trabajo de Gitta Sereny, *The case of Mary Bell*, lo publica casi en su totalidad, pero también otros medios de la época lo hicieron de forma parcial. Luego fueron reproducidos y hoy se encuentran reensamblados en sitios web como Muderpedia.org o Criminalia.es.

Los días que faltan examinar del juicio y sus testimoniales fueron extraídos de las fuentes mencionadas.

El Dr. Robert Orton, quien había examinado a Mary, también durante sus jornadas en prisión, aseguró durante el jucio: «Yo creo que esta niña debe ser considerada como una sufriente de personalidad psicopática, caracterizada por una clara falta de sentimiento hacia otros humanos y por una tendencia a actuar impulsivamente. No mostró jamás remordimiento alguno, ninguna lágrima y nada de ansiedad. Ella estaba completamente impasible sobre lo que ocurría a su alrededor durante este proceso que comenzó con la acusación, aunque muy resentida con su detención».

Otro médico psiquiatra, esta vez de la oficina central, el Dr. David Westbury, dijo que Mary no mostraba evidencia de «enfermedad mental o anormalidad severa o inteligencia subnormal», pero aseguró que sufría un «serio desorden de la personalidad, que requerirá sin duda tratamiento médico». Y completó: «La manipulación de las personas es su objetivo principal». Cuando el abogado de Norma, el Dr. Smith, volvió a consultarle por Mary recalcó que se trataba de una «niña violenta y muy peligrosa».

El veredicto del jurado y las palabras del juez

Para la última jornada del proceso, los abogados de ambas niñas y el querellante concluyeron sus argumentos. Rudolph Lyons, a cargo de la acusación, aseguró que Mary era una especie de diablo y que había ejercido sobre su amiga «una influencia maligna y convincente, casi como la del personaje Svengali» (creado por el novelista George du Maurier), y completó aseverando que: «En Norma solo hay una simple chica retrasada de una inteligencia subnormal. Mientras que Mary es una niña anormal, agresiva, viciosa, cruel e incapaz de sentir remordimiento; una chica que además posee una personalidad dominante, con una inusual inteligencia, y un grado de astucia que es casi aterrorizante».

El Dr. Smith, abogado de Norma, explicó en el cierre que su defendida había sido «una espectadora inocente» de los hechos y que había mentido para desentenderse de los problemas.

Podría decirse que el veredicto era obvio, aun cuando en un último intento por defender a Mary, su abogado, David Bryson, reflexionó con sus preguntas: «¿Cómo ocurrió esto? ¿Qué impulsó a Mary a hacerlo? Es muy fácil injuriar a una niña pequeña, o asemejarla a Svengali sin detenerse ni un instante sobre cómo llegó a producirse tan terrible situación...».

El jurado, compuesto por cinco mujeres y siete hombres deliberó por cuatro horas, al cabo de las cuales Mary Bell fue declarada culpable de homicidio involuntario en los asesinatos de Martin Brown y Brian Howe debido a la disminución de la responsabilidad. Norma Bell, por su parte, fue absuelta, ya que el jurado la consideró una compañera pasiva y torpe que había sido engañada por su vecina y amiga Mary.

Fue recién entonces, al escuchar que era culpable, que Mary Bell se largó a llorar. También sus parientes, a pocos metros detrás de ella en la corte, rompieron en llanto. Pero el único que la consoló abrazándola por un instante fue su abogado, un hombre joven que con el tiempo recordaría con dolor ese momento: David Bryson.

Solo restaba escuchar las palabras del juez, quien, en consideración a la edad de las acusadas, se sintió en la obligación de aclarar antes de continuar: «Es muy lamentable que entre todos los recursos de este país no haya un hospital disponible que sea adecuado para el alojamiento de esta niña». Y Ralph Cusack prosiguió con la sentencia:

«Es una cosa espantosa que con una niña tan joven como Mary Bell se tengan que tomar en consideración tales asuntos. No quiero ni pretendo ser antipático, pero estoy preocupado, ya que debo hacer todo por su beneficio; pero mi deber principal es proteger a los demás.

«Existe un riesgo muy grave para los otros niños si no se la vigila de cerca y no se toman las medidas adecuadas para evitar que vuelva a suceder por lo que se le ha declarado culpable. Tengo el poder para ordenar una sentencia de detención y aunque resulta difícil pensarlo para una niña de su edad, parece que ningún otro método para tratar con ella en estas circunstancias es adecuado.

«Por lo tanto, debo determinar la duración de la detención. Digo de inmediato que, si se impone un período indeterminado, como en el caso de una prisión perpetua, no significa que la persona en cuestión sea mantenida bajo custodia indefinidamente, o por el resto de su vida natural. Significa que dicha posición puede ser considerada de vez en cuando, y, si se cree seguro liberar a esa persona, será liberada. Por ese motivo, la sentencia de la corte concurrente con respecto a estos dos asuntos sobre Mary Bell es una sentencia de detención y la detención será indefinida».

Para su amiga Norma Bell, declarada inocente de cometer los asesinatos, aunque ella misma confesó haber atacado la guardería Woodland's Crescent, la sentencia fue solo de «tres años de libertad condicional y atención psiquiátrica obligatoria e inmediata».

Nueve jornadas. Ese fue el tiempo requerido para uno de los procesos más controversiales y dolorosos: acusar a dos niñas de asesinato. El juicio a las amigas Bell concluyó a mediados de diciembre de 1968 e inmediatamente sentaría jurisprudencia, y el caso, aunque espeluznante, sería tomado en cuenta en el futuro.

¿Comprendía Mary Bell la profundidad y el alcance de sus actos? ¿Entendía Norma que había visto morir a su pequeño amigo sin prácticamente reaccionar? La comunidad de Scotswood jamás volvería a ser la misma, aunque el Callejón de las Ratas finalmente fuera demolido por el gobierno y el paupérrimo barrio puesto en valor.

Capítulo 8

LARGO CAMINO
HACIA LA LIBERTAD

«Me gusta herir a los seres vivos, animales
y personas que son mucho más débiles que yo,
a los que no se pueden defender.»

MARY BELL.

D esde su detención y dada su corta edad, Mary fue alojada en un sinnúmero de instituciones diferentes. No existía en la Inglaterra de entonces un lugar que pudiera hospedar a una niña de 11 años con antecedentes de asesinato.

Era desaconsejable que conviviera con niños pequeños por el riesgo hipotético que estos correrían y era igualmente imposible que se alojara en una cárcel para mujeres adultas, porque el sistema no estaba preparado para chicas y era ella, en ese caso, la que correría serio riesgo. Lo mismo ocurría con los hospitales psiquiátricos, los de adultos no podían recibirla porque no tenían el equipamiento necesario y donde se alojaban niños, ella constituía un peligro.

Hacia fines del año 1968, la prensa británica hablaba de la «niña que nació malvada» y se preguntaba qué debía hacerse con ella. En otros medios la trataban de demonio y monstruo, una lacra social que debía ser extirpada de cuajo, pero ¿cómo?; ¿en qué lugar podría cumplir su sentencia de prisión indefinida?

Quienes tuvieron más contacto con Mary, sus cuidadores durante la prisión preventiva y también, aunque en menor medida, los investigadores, sentían pena por ella: ¿qué iba a pasar con Mary Bell en el futuro? ¿Cómo completaría su instrucción escolar? ¿Quién comprendía realmente lo que significaba haber vivido en el Callejón de las Ratas? Ninguno de ellos tenía entonces ni siquiera una sospecha de la existencia que Mary había llevado. Únicamente la veían como a una niña sin cuidados parentales que se había vuelto «maldita» por estar sola y pasar hambre.

Primer paso, Low Newton

Apenas terminó de escuchar el veredicto, como dijimos, Mary Bell se quebró por primera vez en las nueve jornadas que había pasado en la Corte. A pesar de no saber qué le esperaba aún, al punto de pensar que sería condenada a muerte, se mantuvo tranquila cuando el juez explicó su situación y dictó la sentencia. Su vida recomenzó en ese mismo momento: le dieron unos minutos para despedirse de sus familiares y la sacaron del tribunal tapada con una manta para evitar el asedio de los fotógrafos.

Pasó sus primeros días en Low Newton. Inaugurada en 1965, esta prisión para mujeres y jóvenes delincuentes operada por el Servicio de Prisiones de Su Majestad, estaba ubicaba en Brasside, un pueblo cerca de la ciudad de Durham. Una vez ingresada, Mary Bell siguió el mismo protocolo que las prisioneras adultas. La desnudaron, la revisaron y la bañaron con una manguera. Seguidamente, fue aislada en la enfermería, donde se hizo una única excepción con ella: como no había uniformes tan pequeños, se le permitió seguir usando su propia ropa.

Tal como exigía la Ley, a pesar de estar presa, la pequeña Mary Bell debía continuar estudiando, y para ello se le asignó a la gobernanta de la prisión, quien pasaba con ella una hora diaria dedicada a enseñarle lectoescritura. Luego de compartir

A los 16 años, Mary Bell cursaba sus estudios mientras cumplía la condena en la Unidad Especial del Red Bank. Tenía buena conducta y era querida por sus celadoras.

algunas clases, Mary se animó a preguntarle cuánto tiempo estaría allí antes de ser ahorcada. La mujer sonrió con pesar y le respondió que nadie la colgaría.

Durante el breve período en que la niña pasó en Low Newton, su madre y su padrastro se dedicaron a vender su historia a la prensa. A tal fin, recorrieron los canales y los diarios sensacionalistas tratando por todos los medios de cobrar dinero a cambio de dar detalles sobre la vida y la familia de la asesina, pero en ese momento y solo entonces, la prensa fue absolutamente refractaria a publicar más detalles macabros. Tiempo después, tal sentido ético caería en el olvido.

Segundo paso, Cumberlow Lodge

Apenas antes de la Navidad de 1968, Mary fue transferida desde la prisión en el condado de Durham a Cumberlow Lodge, un centro de detención especializado en jóvenes de alta peligrosidad de entre 15 y 17 años. Este «hogar de detención preventiva» tal como lo denominaba la Ley de la Infancia y la Juventud sancionada en 1933, era en realidad un lugar de paso para delincuentes infantiles y, aunque se preveía que pudiera albergar a niños desde los 8 años, Mary Bell fue la primera menor de 15 que pasó allí casi dos meses. El problema volvía a plantearse una y otra vez para las autoridades: ¿qué hacer con una asesina de apenas 11 años?

Tercer paso, Red Bank

A seis meses de la sentencia y tras haber recorrido varios centros penitenciarios de diferente calibre, en febrero de 1969, Mary Bell fue asignada a la Unidad Especial Reformatoria Red Bank en Lancashire, parte de la Red Bank Community Home, una de las varias casas de seguridad para niños de la autoridad local. Inaugurado en 1965 como un establecimiento de carácter mixto, cuando Mary arribó allí era la única niña y debió convivir exclusivamente con los veintidós varones durante los cinco años que estuvo alojada.

En 1969 James Dixon era el director de la Red Bank Community Home y fue quien se encargó personalmente de Mary Bell. Él y su esposa viajaron desde Londres para hacer el traslado de la niña y con el tiempo establecieron un fuerte lazo de respeto y cariño con ella. El señor James Dixon había pertenecido a la Marina Real Británica, y tenía un carácter fuerte y don de mando. Es entonces probable que Mary encontrara en él la autoridad, disciplina y especialmente la estructura que no había conocido nunca.

La Unidad Especial donde fue alojada la niña quedaba próxima al reformatorio propiamente dicho, donde vivían más de 500 chicos. Pero les estaba prohibido relacionarse: allá estaban todo el día bajo llave, ya que se trataba de adolescentes un poco mayores que Mary —a partir de 14 años— y todos considerados muy peligrosos.

Como el edificio era nuevo, así como las instalaciones, la unidad donde vivía Mary era relativamente agradable: tenía una biblioteca en la planta baja, aulas, un comedor común muy luminoso y salas de estar con comodidades para recibir visitas. Afuera había un jardín y hasta una suerte de cobertizo para mascotas y animales de granja. Los reclusos de buena conducta podían acceder por una hora diaria a la pileta y también a otras instalaciones deportivas, como canchas de básquet y fútbol.

Fue a partir de la llegada de Mary Bell que se inauguró un sector exclusivo para niñas dentro de la Unidad Especial, pero durante su estancia, apenas tres chicas compartieron el espacio con ella y la que más estuvo solo permaneció allí tres meses.

El cronograma de actividades en Red Bank era estricto. Se levantaban a las siete de la mañana, y debían bañarse, tender puntillosamente sus camas y bajar a desayunar a las ocho en punto, no sin antes pasar por la inspección diaria de la higiene de uñas y el brillo de los zapatos. Luego comenzaban las clases, que se extendían hasta las doce y cuarenta y cinco. De una a catorce horas, se servía el almuerzo y a continuación había más clases hasta las dieciséis. Sobrevenía entonces una hora libre, y la cena a las cinco de la tarde. A partir de entonces y según la conducta, podían ir a la piscina o al parque. Aunque eventualmente tenían permitido ver algún programa en televisión, a las ocho de la noche debían ducharse, tomaban chocolate y una hora y media más tarde se iban a dormir. De sus cinco años de detención en la Unidad Especial, Mary llegó a encariñarse con el ama de llaves, una mujer de apellido Hemmings.

El pasado y el presente se confunden

Cuando finalmente Mary estuvo establecida en Red Bank, su padrastro Billy Bell comenzó a visitarla. Ella esperaba con ansiedad los encuentros, porque les unía un hondo cariño y porque siempre le traía noticias y le contaba anécdotas de sus hermanastros menores. Se sentaban en una de las salas de estar, siempre bajo la vigilancia de alguna celadora, y se reían mientras ella devoraba los dulces que Billy le daba, y ella le contaba los avances que tenía en la escuela y cómo vivía allí.

En uno de esos encuentros, Billy le dijo que su madre, Betty, le había abandonado y que pronto comenzarían los trámites de divorcio. Mary no se sorprendió por la noticia o hasta quizá sintió alivio por sus hermanos. Sí sufrió cuando Billy, luego de diez meses de visitarla regularmente, dejó de hacerlo: estaba preso por robo a mano armada. Luego supo que la hermana de Billy, a quien ella conocía como la tía Audrey, se había llevado a los niños, que su madre había cortado toda comunicación con ellos y que se había mudado con una nueva pareja, un tal George, a quien le llevaba diez años.

Betty, por su parte, estuvo más de un año sin visitar a su hija. Pero en diciembre de 1969, el interés le hizo cambiar de actitud. Una vez por mes llegaba con algunos regalos y no se iba hasta conseguir que Mary escribiera algunas palabras en su cuaderno, que hiciera un dibujo o que improvisara un poema. Al día siguiente, la creación de su hija, a quien ella misma tildaba de monstruo, aparecía en la prensa sensacionalista. Por esa misma época, también fueron publicadas algunas fotos en los periódicos, que la propia Betty sacaba y vendía. Las visitas fueron regulares hasta abril de 1970.

Sin embargo, después de cada visita de su madre, la actitud de Mary Bell daba un vuelco. La chica divertida y alegre en la que se había convertido volvía a ser irascible, temperamental y violenta luego de encontrarse con Betty, quien una y otra vez le achacaba los muchos sufrimientos que le causaba su detención: «A Jesús solo lo clavaron en la cruz, yo estoy siendo martillada», le repetía agriamente según narra Sylvia Perrini en su libro.

Enterado de la situación, el director Dixon decidió poner fin a las visitas de Betty Bell, pero sus intentos fueron infructuosos. Ella, por su parte, interrumpió aquellos tristes encuentros hasta marzo de 1971. Cuando para la primavera de ese año quiso volver a ver a su hija, fue la misma Mary quien esta vez solicitó que no se le permitiera verla. Se lo concedieron, especialmente tras analizar la conducta de la niña cada vez que se hacía presente la señora Bell.

La Unidad Especial para niños se esforzaba en la educación integral de los detenidos, pero no ahondaba sobre el porqué se encontraban allí. El mismo Dixon sostenía que había que centrarse en el aquí y ahora para poder pensar con claridad sobre el futuro; decía que vivir en el pasado resultaba perjudicial. Sin embargo, el Dr. Dewy Jones, uno de los psiquiatras que visitaba Red Bank periódicamente, no coincidía con la postura del director y propuso trabajar junto a Mary. Él creía que era posible que ella pudiera desentrañar qué había ocurrido en su pasado para llegar al extremo de matar a dos niños y entendía que, si lograba entenderse a sí misma, podría superarse.

Luego de varias semanas de trámites, la autorización estuvo lista y Mary comenzó a ver al Dr. Jones cada siete días por un lapso que iba de 30 a 60 minutos. Rápidamente arribó a un diagnóstico: Mary era una persona sumamente perturbada que necesitaba asistir a un hospital psiquiátrico un mínimo de dos a tres veces por semana.

Las autoridades de Red Bank no permitieron que Mary saliera tantas veces, ni veían con buenos ojos el tratamiento psiquiátrico. Pero dejaron que, en julio de 1971, el Dr. David Westbury, quien ya había conocido a Mary y había declarado en el juicio, tuviera una nueva entrevista con ella. Es útil recordar que, en el estrado, Westbury había asegurado que la niña tenía un «serio desorden de la personalidad» y que era manipuladora, violenta y muy peligrosa.

A raíz de una serie de nuevos encuentros, el psiquiatra volvió a evaluar a Mary y concluyó que había mejorado notablemente y que había perdido casi todas sus tendencias agresivas. Tan distinta fue la luz con que vio esta vez a la pequeña, que llegó a sugerir que se revisara su condena en el año 1995, cuando cumpliera los 18 años.

Mientras pasaba los años en Red Bank, Mary acariciaba secretamente la idea de ser liberada al cumplir la mayoría de edad, o quizá antes, porque en numerosas conversaciones con el director Dixon habían proyectado que Mary fuera transferida al reformatorio, donde tendría la posibilidad de salidas diarias a la escuela.

Entusiasmada con esa idea, en 1973, Mary, ya con 16 años, se presentó a sus exámenes *O'Levels* —exámenes obligatorios como parte del Certificado General de Educación y previos a una suerte de educación media vigentes hasta 1988, cuyo nombre puede traducirse como «Nivel Ordinario»—, y los aprobó todos. El matrimonio Dixon, a esta altura muy comprometido con la educación de Mary Bell esperaba que pudiera salir a diario para seguir con el *A'Levels* o «Nivel Avanzado».

Pero en noviembre de 1973, cuando parecía que estaba todo listo para continuar estudiando, las autoridades que seguían de cerca la evolución de la ya adolescente, no consintieron que Mary Bell se quedara en Red Bank. A pesar de que ella ya lo había adoptado como su propio hogar, fue el mismo Dixon el encargado de darle la terrible noticia: en breve sería trasladada a una cárcel para adultos.

Salto a la soledad

De nada sirvieron los informes psiquiátricos ni las recomendaciones favorables de sus celadoras. Fue infructuoso, además, el interminable papeleo que el director Dixon debió presentar para defender a Mary de ir a la prisión. Con poco más de 16 años, se vio obligada a enfrentar, otra vez, una nueva vida.

Fue alojada en el centro penitenciario para mujeres mayores de 18 años Styal, en Cheshire. La prisión, inaugurada en 1898 como un orfanato, el Styal Cottage Homes, estaba constituida por un grupo de antiguos edificios remodelados a principios de los años 60. Mary Bell fue la primera reclusa menor de edad alojada allí.

La autora y biógrafa de Mary, Gitta Sereny consignó en su libro *Cries Unheard* el efecto que este cambio supuso para ella: «No cabe duda de que esa transferencia fue destructiva para Mary».

En un abrir y cerrar de ojos, Mary dejó a sus amigos de Red Bank, con quienes había compartido los últimos cinco años para incorporarse a un grupo de mujeres que, en algún aspecto, le hacían acordar a su propia madre. El cambio operó muy negativamente sobre ella: pronto volvió a ser agresiva, rebelde y también comenzó una relación de pareja con una de las compañeras del presidio.

Fue entonces que su madre Betty volvió a visitarla. Tenía prohibida la entrada a Red Bank, pero en Styal comenzaba todo de nuevo. Fue en uno de esos encuentros que Betty aprovechó para recriminar a su hija por su inclinación sexual: «¡Jesucristo, ¿qué sigue?! ¿Eres una asesina y además lesbiana?». De paso, utilizó la visita para blanquearle que Billy, a quien ella creía su padre, no lo era. Mary quedó tan traumatizada con la noticia que no pudo decir palabra, pero planeó investigar más sobre su padre biológico en una próxima visita. Cuando al mes siguiente nuevamente se encontró con su madre y logró articular su pregunta, Betty dijo que no iba a contestarle y se fue.

A los tres años y medio de estar en Styal, Mary Bell fue nuevamente transferida, pero esta vez a una prisión abierta. En junio de 1977 y luego de casi diez años de vivir en instituciones cerradas, Moor Court, en Staffordshire, produjo un profundo cimbronazo en la personalidad de la joven. Ahora vivía en una casa señorial del siglo XVII, con preciosos jardines y en el medio del campo. La libertad parecía estar al alcance de la mano y apenas a tres meses de haber llegado, se fugó junto a otra presa acusada de robo y prostitución: Anette Priest.

Las chicas simplemente escaparon caminando a campo traviesa y llegaron a una carretera. Allí dos jóvenes que viajaban a Blackpool las subieron a su coche. La libertad duró apenas dos días, Mary, con 20 años nunca había bebido alcohol, ni entrado a un club nocturno, no había tenido sexo consentido con un hombre ni había visto el mar. El compañero eventual de Mary, dispuesto a que conociera todo esto y más, la acompañó durante todo un fin de semana, al cabo del cual la entregó a las autoridades locales. Luego le vendió las fotos y la historia a la prensa.

Para el lunes siguiente y conscientes de que una cárcel abierta no era lugar para ella, fue derivada a la prisión Risley en Warrington, Cheshire, conocida en el ambiente carcelario con un juego de palabras que cambia Risley por *grisly* —«espeluznante», en español—. Risley, actualmente una prisión de categoría C para hombres, era mixta en 1964 y debía su sobrenombre a las condiciones de vida imperantes, calificadas posteriormente como bárbaras, escuálidas, sucias y ruinosas por las autoridades.

Mary Bell cumplió su condena en instituciones para menores y cárceles comunes. En 1977, cuando le faltaban solo tres años para salir en libertad, se fugó con otra convicta.

Allí purgó Mary la condena tras haberse escapado de Styal. Pasó los tres peores meses de su vida antes de ser devuelta al viejo edificio antiguo rodeado de jardines, de donde ya no intentaría escaparse. Poco a poco logró estabilizarse y algunos meses después, llegó la noticia que había estado esperando por 12 largos años: en mayo de 1980 le darían la libertad.

Como una forma de acostumbrarle a lo que vendría, Mary fue trasladada nuevamente, esta vez a la prisión abierta Askham Grange, en North Yorkshire, que más que una cárcel parecía una cuidada y antigua casa de campo. Fue aquí donde Mary tuvo contacto, por primera vez, con alguien que no era psiquiatra, ni periodista, ni familiar. Un estudiante de la Universidad de York la visitaba para enseñarle música y ponerla al día sobre la movida cultural de su país. Fue quizá su primer acercamiento al mundo al que pronto pertenecería.

De Askham Grange y en vistas de que Mary Bell tenía demasiado cerca su libertad para intentar otra fuga, pudo mudarse a un albergue, el Askham House, en los mismos terrenos de la prisión, pero con un régimen de libertad observada.

Fue entonces cuando obtuvo su primer empleo en un restaurante local como camarera y poco tiempo después ingresó en una fábrica de Leeds, siempre dentro del condado de Yorkshire, donde ensamblaba equipos eléctricos. Mary Bell estaba feliz, no le importaba caminar poco más de un kilómetro y medio y tener que tomar dos autobuses para llegar a su puesto de trabajo. Algunas veces, eso sí, la experiencia extrema de la libertad la ponía ansiosa y hasta temerosa en público. Entonces encontraba consuelo encerrándose en los sanitarios de la fábrica: detrás de la puerta del lavabo recuperaba su paz.

También la atemorizaba la idea de que alguien la reconociera, que una vez más sus fotos aparecieran por todos lados, y que nuevamente el monstruo que ella representaba en el inconsciente colectivo volviera al ruedo. Y así fue: a las dos semanas, su madre, a quien

Mary había ido a visitar en una de las salidas transitorias previas a su libertad, vendió a los medios cómo se veía su hija ahora. Y todo volvió a foja cero. «¿Por qué no pueden dejarme en paz?», repetía a las autoridades de Askham Grange encargadas de comunicarle que ya no podía volver a trabajar sin ser asediada por los medios y muy probablemente discriminada por sus compañeros de la fábrica.

Volver a recluirse supuso un doble dolor para ella: por un lado, por darse cuenta de que, aunque fuera excarcelada, su libertad seguiría siendo un sueño lejano y por otro, por descubrir que estaba embarazada. Durante sus salidas, Mary había conocido a un hombre casado con quien había comenzado una relación. ¿Así empezaría su vida de libertad? ¿Con un bebé sin padre, tal como había sido ella misma y una madre apenas preparada para enfrentar, ya no solo la maternidad sino la vida misma?

Mary Bell estaba deshecha y se encontraba frente a una encrucijada: quería tener al bebé, pero ella misma había matado a dos niños durante su infancia. Decidió hablar con los oficiales encargados de su libertad condicional, quienes le hicieron ver que, aunque ella quisiera seguir adelante con su embarazo, era altamente probable que no le permitieran criar al niño y que lo dieran en adopción. Entonces decidió abortar. Gitta Sereny consigna en su obra las palabras de Mary: «Sí, creo que lo primero que hice después de 12 años en prisión por matar dos bebés, fue matar el bebé que llevé adentro».

Quizá sentía que su culpa, la anterior por los dos niños estrangulados y la nueva, por haber decidido abortar a su primer bebé se conjugaban en un nuevo sentimiento, la tristeza infinita. Debía comprender la lección: ya había pagado con la cárcel, ya había muerto su propio hijo y ahora debía comenzar otra vez de cero. Conseguiría una nueva identidad, llevaría una vida normal y especialmente se mantendría alejada de la persona que más la había perjudicado de niña, de adolescente y también ahora, de adulta, Betty Bell, su propia madre.

Capítulo 9

LA NUEVA VIDA

> **«Se está convirtiendo en una joven muy
> presentable y una joven muy brillante de hecho.»**
>
> ROBERT BROWN, concejal del Ayuntamiento
> de Newcastle upon Tyne, a propósito
> de una visita a Mary Bell.

En 1980 aquel tiempo indefinido de la sentencia llegó a su fin. Sus antecedentes en Red Bank y en las prisiones, tanto abiertas como cerradas en las que estuvo desde los 16 años, sumados a los informes positivos de sus celadores y psiquiatras, motivaron que, a los 23 años, Mary Bell fuera dejada en libertad. Pero ese ideal que la hacía soñar con cerrar la puerta de la cárcel y dejar todo atrás no tuvo nada que ver con lo que, todavía, debería atravesar para alcanzar una vida —por llamarla de algún modo— normal.

El miércoles 14 de mayo de 1980, tras una despedida de sus compañeras y celadoras, que recién con el tiempo se le antojó emotiva considerando los largos años compartidos, Mary estaba libre. Tenía 23 años, una muy pequeña maleta con algunas mudas de ropa y una cartera donde además de su documentación, llevaba una libreta de anotaciones, varias hebillas para el cabello y un libro.

Como no tenía donde ir, pasó sus primeros días prácticamente sola en una casa rural del condado de Suffolk, al sudeste de Inglaterra, propiedad del oficial de justicia encargado de que la joven se reinsertara en la sociedad. Ese tiempo fue especialmente complicado para Mary: no podía dormir, tenía dudas sobre cómo organizar las horas de su día a día y estaba permanentemente ansiosa. Los sonidos de la casa y las horas de luz le parecían extraños; echaba de menos la estructura que le proporcionaba la prisión.

Al cabo de aquellas dos primeras semanas, Mary Bell, siempre siguiendo las propuestas de su oficial de libertad condicional, se fue a vivir con una familia en Yorkshire. Por increíble que parezca, uno de los primeros trabajos que consiguió fue en una guardería y, según algunas fuentes, llegó a trabajar allí un breve período. Más tarde, algunas versiones dicen que la echaron porque descubrieron quién era en realidad y otros que fue su oficial a cargo quien le advirtió que aquella actividad no se ajustaba a su perfil. Lo cierto es que luego Mary comenzó a trabajar en diferentes *pubs* como mesera y que se sentía a gusto con la familia de acogida. Así se sucedieron varios meses de relativa tranquilidad.

Mamá Betty, una y otra vez

En diciembre de ese año, en la víspera de Navidad, Mary recibió una visita inesperada: su madre Betty y su nueva pareja George llegaron para convencerla de que esa no era su familia y de que se fuera a vivir con ellos a Whitley Bay, una ciudad costera en el Mar del Norte, en North Tyneside. Sin mucho convencimiento, pero segura de que no iba a poder pasar el resto de su vida como una niña adoptada, Mary se fue con su madre y su nuevo padrastro.

La aventura familiar duró apenas dos semanas, Mary empezó a revivir tristes recuerdos de su infancia, especialmente porque Betty se encontraba ebria a todas horas del día y porque ella no estaba en condiciones de cuidarla, ni mucho menos, de hacerle dejar la bebida.

Hacia febrero de 1981 Mary, que ya vivía con otra identidad para poder conseguir empleo y pasar lo más desapercibida posible, se mudó a York, una preciosa ciudad rodeada de murallas en el noreste de Inglaterra, donde intentó estudiar Psicología, Literatura inglesa y Filosofía. Pensaba que podría recibirse de maestra o de terapeuta y dejar atrás definitivamente lo que había sido su vida hasta ahora. Sin embargo, una vez inscripta en la universidad, fue rechazada: aunque su nombre era distinto, tal cambio era decorativo y sus antecedentes criminales seguían asociados a su persona. Las carreras que había elegido —le comunicaron—, estaban simplemente prohibidas para ella. Sin proyecto en York, Mary se deprimió y volvió otra vez a casa de su madre.

A mediados de 1982 Mary conoció a un muchacho algunos años más joven que ella y se enamoró. Finalmente podía decir que tenía novio y que, de alguna manera, vivía una suerte de felicidad. Betty se opuso como ninguna al noviazgo y hasta puso el grito en el cielo cuando se enteró de que la pareja había decidido convivir. De alguna forma, el regreso de Mary relevaba a Betty que su hija se había convertido en imprescindible para ella.

Pero Mary estaba decidida, tomó sus cosas y se mudó con su pareja. Al poco tiempo se casaron y el 25 de mayo de 1984, nació su hija. Es extraño, Mary Bell dio a luz a su niña exactamente 16 años después de haber cometido su primer asesinato.

¿Se hallaba Mary Bell en condiciones de criar a un bebé? Las autoridades no estaban seguras de que una persona que había podido estrangular a dos niños fuera capaz de hacerse cargo de su propia hija. Sin embargo, a esta altura y conocedora de los muchos recursos de apelación ante la justicia, Mary logró la autorización para criarla, aunque la tutela quedó en manos de la Corte.

También consiguió que la identidad de su hija quedara protegida hasta los 18 años. Aunque la abuela Betty ya había desparramado entre sus periodistas conocidos la novedad del nacimiento y se habían publicado algunas fotos del bebé, una orden de la Corte Suprema impidió que se difundiera el nombre y la dirección de la niña.

Divorcio por partida doble

Transcurrieron entonces algunos años de cierta paz. Mary cuidaba de su hija, quien periódicamente era visitada por una asistente social y tenía un trabajo de medio tiempo. Pero en 1988 el matrimonio llegó a su fin, Mary refirió que su esposo salía demasiado y que en ocasiones al regresar ebrio a casa se ponía violento con ella.

Casi al mismo tiempo, Betty y George se separaron. Y así como le había pasado con Billy tantos años atrás, Mary sufrió por perder a su segundo padrastro, quien sin embargo siguió teniendo durante toda su vida algún contacto con ella debido al cariño que se manifestaban.

Luego de su separación, Mary dejó de contactarse con su madre, conoció con el tiempo a otro hombre y reinició una familia. Esta vez se mudó a un pequeño pueblo, que a Mary le encantaba y atemorizaba a la vez. Los vecinos eran pocos y todos sabían quién era quién, ¿cuánto iba a pasar hasta que la reconocieran? Aunque usaba otro nombre, su cara había sido publicada en distintos medios infinidad de veces... Finalmente, el pasado se hizo presente una vez más: a pocos meses de vivir allí fue reconocida como la asesina Mary Bell y pronto la aldea completa marchó con carteles que decían «Fuera, monstruo».

Mary se reubicó rápidamente en otro sitio con su pareja y su hija, y se preocupó de que su madre Betty no supiera de su paradero, y allí permaneció hasta la Navidad de 1994. Pero de alguna manera, porque Betty la buscaba o porque ella misma sentía necesidad de saber algo de su madre, ambas volvieron a verse. Entonces Mary se dispuso a ahondar en su pasado para averiguar quién era su padre biológico y tratar de entender por qué nunca había podido obtener ningún tipo de información de su madre, siendo que, a esta altura de las circunstancias, estaba al tanto de todas sus falencias.

Mary sospechaba que era hija de una relación incestuosa entre su abuelo y su madre, pero nunca se había animado a preguntárselo. Sobre fines de 1994, Mary y su familia estaban pasando unos días juntos cuando, mirando un álbum de fotos al azar encontró algunos poemas, de puño y letra de Betty dirigidos a su propio padre. Entonces muchas conversaciones, muchos recuerdos y reproches volvieron repentinamente a su memoria. Ese mismo día increpó a su madre sobre el tema. ¿Qué le costaba decir la verdad de una vez por todas? ¿Acaso la confesión cambiaría los hechos? Betty le respondió entre dientes: «Eres el engendro del demonio», y no dijo nada más. Pocos días después, en enero de 1995, Betty Bell murió de neumonía.

Contar la verdadera historia

Aunque se intentaba mantener en secreto su identidad, dirección y actividades, las vidas de Mary y también de Betty eran conocidas. Después de tantos años de contacto con la prensa, a veces sensacionalista y a veces seria, la muerte de Betty Bell no pasó desapercibida para una de las mujeres que más se había abocado a la investigación del caso: Gitta Sereny.

Sereny (Viena, 1921-Cambridge, 2012) fue una famosa periodista, historiadora y biógrafa que publicó dos libros sobre Mary Bell. El primero, en 1972, *The Case of Mary Bell*, donde recopilaba los hechos sucedidos en el Callejón de las Ratas, la muerte de los dos pequeños y donde especialistas de todo tipo, desde juristas hasta psicólogos, analizaban el caso. Además, en aquella ocasión, la abuela materna de Mary y sus tías Isa y Cathy aportaron también sus testimonios con la esperanza de que el público, al conocer la infancia de quien llamaban «demonio», sintieran algo de empatía por ella.

El segundo trabajo de Gitta Sereny sobre Mary Bell fue publicado en 1998. *Cries Unheard* fue básicamente un resumen del caso, especialmente condimentado con una serie de entrevistas a la propia Mary.

El libro de la discordia

Después de la muerte de Betty, Gitta Sereny contactó nuevamente a Mary y le propuso participar de un tercer libro, en el que
ella misma pudiera contar qué le había sucedido, qué la había
llevado a asesinar a los dos niños, y especialmente a narrar
cómo había sido su infancia, de la que no se tenía más que testimonios desperdigados.

Mary Bell rechazó de plano la idea. Al salir de la cárcel muchas
veces había sido tentada con cuantiosas cifras de dinero para dar
entrevistas televisivas o en medios gráficos, pero la mujer no
quería saber ya nada con los periodistas que en gran medida la
habían perjudicado a lo largo de su vida. La única beneficiada
económicamente por las notas y noticias que se publicaban sobre
Mary, había sido invariablemente su madre Betty.

La propuesta de Sereny parecía diferente: ella conocía muy
bien el caso, había hablado con la familia en varias oportunidades y ahora le ofrecía a Mary Bell la posibilidad de contar su
propia historia. Como biógrafa, Gitta entendió que Mary iba a
tener que pasar largas horas narrando su vida, reviviendo viejos fantasmas y que probablemente muchos dolores que creía
olvidados iban a hacerse sentir otra vez. Entendiendo esto, le
ofreció una suma a modo de adelanto de ventas del libro, que
cobraría por única vez.

Finalmente, a mediados de 1996, Mary aceptó trabajar con
la escritora con la esperanza de que el libro contaría todo lo
que le había sucedido y dejaría las cosas claras. Cobraría una
suma de 50.000 libras (unos 58.000 euros) como adelanto por
su participación.

En mayo de 1998 *Cries Unheard*, de Gitta Sereny, llegó a las
librerías y se desató el escándalo. El público y las familias de las
víctimas reaccionaron con enojo: May Bell estaba lucrando con
sus asesinatos. La sociedad toda, que aún tenía a Mary como un
diablo y un monstruo, no podía creer que hubiera sido capaz de

beneficiarse con sus horrorosos crímenes. Los titulares de la prensa británica denunciaban este «dinero ensangrentado» y su «historia depravada».

Sin siquiera haberlo sospechado, Mary Bell volvió a ser acusada, esta vez por toda la opinión pública. Incluso a pesar de que la misma prensa que denunciaba a Mary por aceptar dinero por una historia que tenía derecho a contar, ofrecía sumas mucho más elevadas a fin de que aceptara entrevistas luego de la edición del libro. La autora adujo que se trataba de una retribución por las largas entrevistas y que, en definitiva, le había pagado a Mary porque «si no lo hubiera hecho, me habría hecho responsable de lo que se le hizo desde que nació: usarla».

A 30 años de cometidos los crímenes, la edición del libro incomodó tanto a la sociedad inglesa que se hizo una revisión histórica de lo sucedido. ¿Cómo nadie fue capaz de parar a Betty Bell en sus abusos? ¿Dónde estaban los docentes cuando Mary confesó que había matado en su cuaderno de clases? ¿Tan desamparada se encontraba la infancia en esa época? ¿Acaso nadie se acordaba de que el primer caso fue caratulado como «muerte accidental» y dejado en un cajón? ¿Tan poco importaba la existencia de un niño en el Callejón de las Ratas?

En su defensa y también consultado por Gitta Sereny para su segundo libro, el investigador James Dobson señaló: «Mi función era determinar quién había perpetrado el crimen y cómo fue cometido. En nuestro sistema, no es asunto de la policía averiguar por qué se cometieron esos crímenes. Pero por lo que hemos visto aquí, tristemente, cuando los autores son niños, no parece ser asunto de nadie».

Capítulo 10

DE AQUÍ EN ADELANTE

> «Mamá, ¿por qué no me dijiste? Eras una niña
> más joven de lo que yo soy ahora.»
>
> LA HIJA DE MARY BELL, dirigiéndose
> a su madre, a sus 14 años.

A 30 años de cometidos los asesinatos y luego de haber purgado la condena indefinida —que finalmente fue de 12 años—, Mary Bell había conseguido organizar su nueva vida. Tras la muerte de Betty Bell y luego de intensas jornadas de trabajo junto a Gitta Sereny con la idea de dejar las cosas claras, Mary, ya de 41 años, supuso que por fin había dejado atrás su pasado.

Es difícil determinar cómo logró contarle a su biógrafa lo que había pasado y sentido, pero antes de que el libro estuviera publicado, pudo leer lo que decía el borrador: «No sabía entonces, ni tenía la intención de que estuvieran muertos, quiero decir... muerto para siempre. Muerto para mí, en aquel momento, no era algo para siempre». Y refiriéndose sin rencor, pero con tristeza a los adultos que entonces le rodeaban, redondeó: «Cuando lo pienso ahora, es realmente increíble pensar que nadie, nadie en absoluto, me hiciera tomar real dimensión de lo que hice, fue como si esos asesinatos los hubiera cometido otra persona, no yo».

En otra parte del libro, se cita una carta que supuestamente Mary le habría enviado a unos amigos, en la que les decía: «De repente me di cuenta de la enormidad absoluta de mi crimen, que de hecho me ha quitado la vida. No puedo soportar apenas pensar en eso... También sé, en el fondo de mi corazón, que no podría hacer algo tan horrible a propósito. No recuerdo exactamente qué pasó».

Estas confesiones tan duras y realistas de Mary a Gitta Sereny generaron, como se dijo, la ira del público y de la prensa y también, un cimbronazo político. De hecho, hasta Tony Blair, el Primer Ministro británico de entonces, denunció públicamente que Mary hubiera cobrado la —a esta altura famosa— cifra de 50.000 libras por su confesión. Asimismo, su secretario, Jack Straw, criticó fuertemente la situación en un artículo publicado en el diario *British Sun*, prácticamente dedicado a las madres de los niños asesinados para terminar diciendo que la señora Bell, la autora de esos asesinatos, al haber cooperado con el libro, había perdido todo derecho al anonimato.

1998, año bisagra

Pero, ¿por qué tanto revuelo por lo que, en definitiva, era un libro más que nadie estaba obligado a leer y que contaba una historia conocida sucedida hacía tanto tiempo?

1998 fue un año bisagra en varios sentidos y las reacciones ante la aparición del libro denunciaban, en realidad, algo más profundo. La estructura y el entramado judicial del país estaba cambiando después de cientos de años. ¿Fue coincidencia la publicación de *Cries Unheard* en relación con esta transformación que afectaba al sistema judicial? No lo sabemos, lo que sí sabemos es que la publicación de la obra multiplicó la reacción negativa de la sociedad inglesa, así como de los medios y de la política.

Una reacción que se nutría también de otro suceso más reciente. El 12 de febrero de 1993 el secuestro, asesinato y mutilación de un niño de 2 años, James Patrick Bulger, había sacudido otra vez a la sociedad inglesa. Jon Venables y Robert Thompson, dos niños de 10 años, fueron encontrados culpables del terrible crimen y sentenciados a permanecer en prisión hasta la mayoría de edad. Se convirtieron así en los dos asesinos más jóvenes de la historia reciente de Inglaterra. Y a diferencia del proceso a Mary y a Norma Bell, el caso Bulger sí fue capaz de sentar precedentes para un cambio profundo en la jurisprudencia nacional.

Cuando Mary y Norma fueron a juicio, los derechos del niño eran no más que declaraciones de buena voluntad: ni los jueces ni los encargados de tratar con delincuentes menores estaban demasiado preocupados por ellos. Eso iba a cambiar para siempre.

A partir del caso Bulger, se produjeron cambios profundos en la concepción mundial, no solo de los derechos de la infancia, sino también de las leyes que rigen la imputabilidad de menores. Hasta entonces se había aplicado la doctrina conocida como *doli incapax*, es decir, suponer que un niño es incapaz de intención criminal, a menos que se demuestre lo contrario. La fiscalía, entonces —tal como se aplicó para el caso Bell y Bulger— tenía que demostrar que el niño no solo había llevado a cabo los presuntos actos, sino que tenía conciencia, en ese momento, de que lo que estaba haciendo estaba mal.

La Ley contra la delincuencia y la alteración del orden, sancionada 1998, modificó este punto de vista y abolió incluso esta salvaguarda. Hoy en Inglaterra se considera que cualquier persona de diez años o más tiene la misma conciencia moral del bien y del mal que un adulto.

Pero, ¿cuál es el vínculo entre el caso de Mary Bell y la ley sancionada a tantos años de sus crímenes? El nexo es la prensa: a lo largo del juicio y gracias a que Betty Bell siempre estuvo dispuesta a ventilar la vida de su hija a los medios, cada vez que se hablaba de un delincuente peligroso menor de edad, sus fotos volvían a las primeras páginas.

Mary Bell bregó ante la justicia por una identidad protegida para ella y su hija durante muchos años. A partir de 2003, vive en el anonimato.

La publicación del libro generó un gran revuelo, se sancionó la ley que equiparaba la imputabilidad de los menores a partir de los diez años, y sí, otra vez más, a pesar de vivir con un nombre falso, Mary Bell fue descubierta y acusada por todos.

Pero esta vez no estaba sola ni con su madre Betty, a quien le gustaban en exceso los *flashes* de las cámaras. En esta ocasión, Mary se encontraba en su casa y con su hija de 14 años cuando se vio asediada por los *paparazzi*. Lo demás es historia repetida. Los vecinos, indignados con su presencia en el barrio, pronto armaron los carteles de «Afuera, monstruo» y la pesadilla cobró vida una vez más.

En pocos minutos la policía llegó a buscarla, ya que era su obligación salvaguardarla del asedio de la prensa y de la locura de los vecinos. Para ella se trataba de un capítulo repetido, pero para su hija el hecho constituyó un duro golpe, ya que desconocía el pasado de su madre. Así se enteró de que Mary había matado a alguien, pero ¿cuándo?, ¿cómo?, ¿por qué? Entre el griterío de la gente y los fotógrafos, una mujer policía le ayudó a guardar algunas cosas básicas en una mochila y le puso una frazada encima para taparla. Sin saber si estaba siendo secuestrada o salvada, la muchacha ni siquiera pudo tomar la mano de su madre para llegar hasta el coche policial que las alejaría del lugar rápidamente.

Lejos de allí y ya sin testigos, la hija de Mary Bell pudo sacarse la frazada de la cabeza y llorar sin tapujos. Las portadas de los diarios repetían la imagen que había visto de su mamá pequeña: con un júmper en su viejo barrio, con algunos amigos, en otra tocando la flauta... No había dudas de que era la imagen de su madre, pero su mamá no se llamaba Mary Bell...

Apenas tuvieron un momento de tranquilidad en la casa de seguridad donde la policía las alojó, madre e hija tuvieron una larga charla. Así, un día de 1998, a sus 14 años, la joven supo del pasado terrible de su madre. Ambas lloraron desconsoladamente: todos los silencios, las fotos que no existían, los años de los que su madre no tenía anécdotas se hicieron ahora presentes y reales.

Es probable que, frente a esa muchacha ahora vulnerable, Mary se viera a sí misma, pero en una versión más madura e íntegra. La niña la perdonó y entendió por qué nunca había conocido el verdadero nombre de su progenitora: «Mamá, ¿por qué no me dijiste? Eras una niña más joven de lo que yo soy ahora», consigna Sylvia Perrini en su obra *Killer child: Mary Bell: A Tragic True Story*.

Decreto «Mary Bell»

Tras pasar algunos días en la casa de seguridad, Mary Bell se vio forzada a reencaminar una vez más sus pasos. Pero ahora no era cuestión de pedir nueva documentación y cambiar un poco el peinado. Su hija abandonaría repentinamente la escuela, debería dejar de ver a sus amigas y tendría que enfrentar una realidad muy diferente. ¿Cuántas veces le había sucedido esto a Mary? ¿Cuántas estaba dispuesta a que su pequeña pasara por lo mismo?

Mary y su hija no pudieron volver a la casa en la que vivían; alguien más debió guardar sus cosas y llevarlas a ese otro lugar donde quizá pudieran ser felices. Sin embargo, ante el temor de que esa felicidad fuera empañada nuevamente, Mary comenzó una feroz batalla legal. Primero, obtuvo un nuevo nombre para ella y para su hija, nombres que no iban a poder ser rastreados, ni asociados con sus antecedentes penales; estas dos condiciones fueron otorgadas por orden judicial. Luego consiguió ayuda para mudarse lejos del epicentro de las noticias.

La culpa de haber asesinado a dos niños había perseguido a Mary Bell más allá del cumplimiento de su sentencia. En una entrevista al periódico *Daily Mail*, June Richardson, madre de Martin Brown dijo: «Todo el mundo habla sobre ella y ella insiste en que debe de ser protegida. Como víctimas, no tenemos el mismo derecho que los asesinos». Para la Ley, sin embargo, Mary Bell ya cumplió su condena.

Cuando expiraba a los 18 años la orden de anonimato para su hija, Mary volvió a entablar acciones contra la Justicia para lograr que su identidad fuera mantenida en reserva por siempre. ¿O acaso la joven debía vivir señalada como la «hija del monstruo»?

Luego de varios años de reclamos, el 21 de mayo de 2003, el periódico *The Guardian*, informó que un juez les había otorgado el derecho de vivir en el anonimato durante el resto de sus vidas. Esta norma, que rápidamente tomó el nombre de «decreto Mary Bell», es aún en la actualidad válida según la jurisprudencia inglesa y de gran utilidad para muchos delincuentes que no pueden seguir portando sus viejos nombres al salir en libertad, beneficio que en muchos casos se extiende al resto de la familia.

En 2009 se supo que Mary Bell había sido abuela a sus 51 años. Esa fue la última noticia que se publicó sobre ella. El Tribunal Supremo, protegiéndola, se actualizó incluyendo en el decreto al nieto o la nieta de Mary, a quien la Corte se refirió como «Z». Enterada de la noticia, la madre de Martin Brown declaró con tristeza a los medios: «Espero que cuando mire a su nieto recuerde a los dos pequeños que asesinó. Nunca la perdonaré». Sin embargo, dijo no guardar rencor por ninguno de esos otros inocentes, refiriéndose a su hija y al nieto recién nacido, que «ella —por Mary Bell— sí tiene la suerte de conocer».

Un difícil equilibrio

Los crímenes cometidos por Mary Bell a sus 11 años se convirtieron en fuente de inspiración para películas, documentales, episodios de programas de televisión, libros, miles de artículos en diarios y revistas e incluso canciones de bandas de heavy metal.

El paso del tiempo nos hace ver los hechos bajo otra luz. Y se percibe el dolor de aquellas familias a las que les fue arrebatada esa pequeña vida de un modo infame, pero la distancia difumina de algún modo nuestro recuerdo, así como parece ensombrecer las acciones de Mary Bell.

Es fundamental entender aquel mundo de 1968, la vida miserable en el Callejón de las Ratas y la crueldad de una madre que prostituía a su hija de cuatro años, así como la desesperación de las familias afectadas.

La revisión de la doctrina jurídica, la necesidad de comprender y resguardar a la infancia, la obligación de cuidar a las víctimas y también, de salvaguardar de la furia colectiva al victimario, exigen un difícil equilibrio.

Las preguntas seguirán presentes: ¿Hasta qué punto las penurias que Mary debió soportar de pequeña tuvieron que ver con su desprecio por las víctimas? ¿Nació monstruo? ¿Pudieron los años de cárcel reformarla? ¿El arrepentimiento es posible o simplemente obedece al temor a las represalias?

Mary era una niña. «Muerto para mí, en aquel momento, no era algo para siempre». El debate sobre la imputabilidad de los menores es una encarnizada y subjetiva lucha entre legisladores, sociedad y juristas.

Y el monstruo que proyectamos quizá pueda habitar en cualquier lugar. O tal vez no: es muy probable que solo crezca donde el bien está ausente. El dolor, por el contrario, vive en todas partes y no se borrará nunca de la memoria de las familias Brown y Howe.

PERFIL CRIMINAL

Nacimiento: 26 de mayo de 1957, en Newcastle-upon-Tyne, Inglaterra, Reino Unido.

Nombre: Mary Flora Bell. Su madre fue Betty McCrickett y aunque no se conoce al padre biológico, la niña tomó el apellido de la primera pareja de su madre: Billy Bell.

Infancia: hija no deseada, Mary sufrió violencia extrema en sus primeros años y fue entregada por su propia madre a un pedófilo a los 8 años.

Esposo e hijos: tras cumplir condena, Mary Bell contrajo matrimonio y tuvo una hija, pero los datos filiales permanecen secretos por orden judicial.

Perfil: fue declarada psicópata.

Tipo de víctimas: niños pequeños.

Crímenes: mató a dos niños de su vecindario: Martin Brown, de 4 años, y Brian Howe, de 3.

Modus operandi: sus dos víctimas fatales fueron estranguladas.

Condena: cumplió 12 años, repartidos entre instituciones para menores y cárceles comunes.

Bibliografía

López Herrador, Marco. *Mary Bell La Niña Asesina*, Sekotia, 2017.

Perrini, Sylvia. *Killer child: Mary Bell: A Tragic True Story*, True Crime, Bus Stop Reads Book 1, Edición Kindle, 2015.

Sereny, Gitta. *Cries Unheard*, , Why Children Kill: The Story of Mary Bell Picador Books/McMillan, 1998.

Sereny, Gitta. *The Case of Mary Bell: A Portrait of a Child Who Murdered*, McGraw-Hill, 1973.

Thompson, Kenneth. *Moral Panics*, Routledge, 1998.

TÍTULOS DE LA COLECCIÓN

TED BUNDY
LA MENTE DEL MONSTRUO

* * *

JOHN WAYNE GACY
EL PAYASO ASESINO

* * *

DENNIS RADER
BTK: ATAR, TORTURAR Y MATAR

* * *

ANDRÉI CHIKATILO
EL CARNICERO DE ROSTOV

* * *

HENRY LEE LUCAS
EL PSICÓPATA SÁDICO

* * *

AILEEN WUORNOS
LA DONCELLA DE LA MUERTE

* * *

CHARLES MANSON
LA NOCHE DE LA MASACRE

* * *

EL ASESINO DEL ZODÍACO
UN ACERTIJO SIN RESOLVER

* * *

ANDREW CUNANAN
EL ASESINO DE VERSACE

* * *

JEFFREY DAHMER
EL CANÍBAL DE MILWAUKEE

www.ingramcontent.com/pod-product-compliance
Lightning Source LLC
Chambersburg PA
CBHW060437090426
42733CB00011B/2310